HERMANN EICHLER

System des Personenrechts

Schriften zum Bürgerlichen Recht

Band 117

System des Personenrechts

Von

Dr. jur. Hermann Eichler

em. o. Professor an der Universität Linz

Duncker & Humblot · Berlin

CIP-Titelaufnahme der Deutschen Bibliothek

Eichler, Hermann:
System des Personenrechts / von Hermann Eichler.
Berlin: Duncker u. Humblot, 1989
  (Schriften zum Bürgerlichen Recht; Bd. 117)
  ISBN 3-428-06687-1
NE: GT

Alle Rechte vorbehalten
© 1989 Duncker & Humblot GmbH, Berlin 41
Satz: Irma Grininger, Berlin 62
Druck: Berliner Buchdruckerei Union GmbH, Berlin 61
Printed in Germany
ISSN 0720-7387
ISBN 3-428-06687-1

Vorwort

Die Arbeit versucht den inneren Weg zu gehen, der durch die Reihe der bisher unverrückbaren Grundbegriffe des Personenrechts führt. Der Kreis, den das Rechtssubjekt als Rechtsperson über die Rechtsfähigkeit zu den natürlichen und juristischen Personen beschreibt, ist längst als „circulus vitiosus" erkannt. Die beiden Personenarten, auf denen das System fußt, sind nicht mehr unangefochten, seitdem die Humanwissenschaften in die Rechtslehre eingedrungen und die Rechtstheorien der juristischen Person abgebaut sind. Ein anderer Verstoß kommt von der Seite der Grundrechte, aus denen ein privatrechtliches System von Persönlichkeitsrechten hervorgegangen ist. Die Frage lautet nicht mehr, welche menschlichen Werte werden als Rechtsgüter geschützt, sondern auf welche Weise werden die einzelnen Entwicklungsstadien des Menschen gesichert.

Bereits das „mißhandelte" Kind macht sein Persönlichkeitsrecht geltend, und der Minderjährige möchte die Geschäftsfähigkeit mehr an seine Ausbildung und Berufsausübung angepaßt sehen, damit er als „Selbständiger" in die beruflich orientierte Gesellschaft hineinwächst. Schließlich sucht der „Entmündigte" den Schutz der „Sachwalterschaft".

Eine andere Reihe führt die Lebens- und Rechtsgüter des Menschen vom Personenrecht zum Deliktsrecht. Hier begegnet uns der „angegriffene" Mensch in der häufigen Situation der Abwehr (§ 227 BGB).

Die wenigen Bestimmungen des Allgemeinen Teils ergeben kein abgeschlossenes Gesamtbild. Es wird deshalb u.a. die Verbindung des Einzelpersonenrechts mit dem Familienpersonenrecht angestrebt. Im Gesamtsystem des bürgerlichen Rechts entfällt dabei der Allgemeine Teil.

Die „Überordnung" der juristischen Person lenkt den Blick auf die gesamte von ihr erfaßte Rechtsordnung. Ihre rechtsdogmatische Stellung wird aus der systematischen Antithese zur natürlichen Person begriffen. Es stellt sich die Frage, ob die schmale Plattform des Personenrechts, wie es im Allgemeinen Teil geregelt ist, zum Gesamtüberblick und zum Gesamtverständnis sowie zur Dogmatik der juristischen Person ausreicht. Letzten Endes liegt die Lösung darin, daß die einzelnen Wesenheiten, die von der juristischen Person verdeckt werden, mit allen ihren anschaulichen Elementen in den Mittelpunkt der Systematik rücken.

Die Rechtsform der Stiftung läßt sich nicht aus dem Gegensatz zum Personenverband, der auf den Verein angelegt ist, konzipieren, weil das Fehlen der Mitglieder bei einer solchen Gegenüberstellung nur als ein negatives Merkmal erscheint. Vielmehr ist das Fundament der Stiftungsordnung in positiver Weise durch das Stiftungsgeschäft, die Stiftungssatzung und die Verwaltung der Einrichtung aufzubauen. Darüber hinaus ist der Charakter der Stiftung von der Seite der ihr regelmäßig innewohnenden Zwecksetzung zu beschreiben. Durch diese empirische Methode wird die Eigenart der Institution im Gesamtsystem des Personenrechts anschaulich gemacht.

Der Verfasser hat den Versuch unternommen, durch die Erläuterung von einzelnen Stiftungsurkunden Erfahrungswerte zu gewinnen, die sich pragmatisch verarbeiten lassen. Auf diese Weise soll ein Beitrag zur Systematik der Stiftungen geleistet werden.

Die vorliegende Abhandlung wendet sich weniger dem allgemeinen Phänomen der Person als dem Personenrecht im objektiven und subjektiven Sinne zu. Die rechtssystematische Fragestellung bezieht sich auf das wandelhafte Verhältnis des Personenrechts zum Privatrechtssystem im ganzen. Am Anfang der überblickbaren Entwicklung war jenes Rechtsgebiet noch nicht „Systemelement". Die gajanische Einteilung des römischen Rechts, das nicht in einem Gesetzbuch geordnet war, in „personae, res, actiones" war zwar grundlegend, aber vielfach lückenhaft (Kaser, Römisches Privatrecht, 13. Aufl., S. 23; Mayer-Maly, Personenrecht, HRG III, Sp. 1623 ff.). Dennoch wirkte die Gliederung Jahrhunderte hindurch nach. Konstituierende Bedeutung erlangte sie im Privatrechtssystem erst im 16. und 17. Jahrhundert. Neben der systematischen Jurisprudenz sind besonders die Traktate de jure personarum hervorzuheben.

Die selbständige Position kommt später in dem österreichischen ABGB, dessen erster Teil „Von dem Personenrechte" handelt, zum Ausdruck. Das preußische und das französische Gesetzbuch (1794–1804) wenden sich noch unmittelbar an die Personen selbst, jedoch beruhen die Kodifikationen auf der erwähnten Dreiteilung. Das schweizerische ZGB widmet die ersten beiden Teile dem Personenrecht und Familienrecht. Die Gesamttendenz ist daher darauf gerichtet, das Personenrecht mehr oder weniger als ein eigenartiges „Hauptelement des Privatrechtssystems" anzusehen.

Demgegenüber legt das BGB mehr das Pandektensystem zugrunde, indem es das Personenrecht zum ersten Abschnitt des „Allgemeinen Teiles" macht.

Die Darstellung des Personenrechtes im subjektiven Sinne bleibt einer besonderen Untersuchung vorbehalten. Ihre Einteilung hat von dem System der „Menschen- und Persönlichkeitsrechte" eine lebendige und lebensnahe Gestaltung erfahren. Die Integration und Abgrenzung der beiden Rechtsarten ist noch nicht abgeschlossen, was ihre Eingliederung in die Personenrechte betrifft. Außerdem ist es erforderlich, die einzelnen Typen der Persönlichkeitsrechte in der Weise zu ihrer Eigenart zu entfalten, daß sie im Rahmen der Personenrechte eine charakteristische und selbständige Gestalt gewinnen.

Thematisch ist das „System des Personenrechts" von der Haupteinteilung der Privatrechte zu trennen. Die frühere Gliederung zerlegte die Personenrechte in

Persönlichkeitsrechte und Familienrechte, denen die Vermögensrechte gegenübergestellt wurden. Nach der betreffenden Systematik erstreckt sich die Willensmacht des Menschen „auf seine Person selbst". Ausgangspunkt ist die Rechtsmacht an der eigenen Person (Enneccerus-Nipperdey, Allgemeiner Teil des Bürgerlichen Rechts, Erster Halbband, 1959, § 78 ff.).

Nach der früheren Anschauungsweise standen die Vermögensrechte im Mittelpunkt der Rechtsordnung. Die Rechtsauffassung hat sich inzwischen in zunehmender Weise dahin gewandelt, daß „der Mensch als *eigene Persönlichkeit* wieder als Mittelpunkt im gesellschaftlichen Wertsystem angesehen wird" (so H. Hübner, Allgemeiner Teil des Bürgerlichen Gesetzbuches, 1985, § 5 II, S. 45). Freilich kann die Wandlung nicht allein von der Dogmatik und Systematik des Persönlichkeitsrechts begriffen werden, selbst wenn seine vielfache Ausstrahlung berücksichtigt wird. Sicher ist aber, daß die Rechtsmaterie des Personenrechts bei der Beurteilung der Systemwandlung eine Art Grundschicht darstellt. Auf dieser Basis haben sich nach klassischem Vorbild die Entwicklungstendenzen des Sachen- und Schuldrechts herausgebildet. Weitere Ordnungsvorstellungen erwachsen aus Rechtsgebieten gegenwärtiger Provenienz. Es handelt sich um weit zerstreute Rechtsauffassungen und Gesetzgebungen auf Gebieten, die im ständigen Fluß der Entwicklung sind. In Betracht kommen z.B. menschenrechtliche, sozialrechtliche, organisationsrechtliche Regelungen, die noch zu koordinieren sind. Die Systeme befinden sich in einem beweglichen Übergangszustand. Von der Plattform des Personenrechts läßt sich freilich das Gesamtsystem des Privatrechts nicht überblicken.

Neuerdings ist die Materie des Personenrechts mehr und mehr in die Nähe philosophischer Anschauungsweise gelangt. In erster Linie ist es der Personenbegriff selbst, der aus rechtsphilosophischer Sicht interpretiert wird. Besonders geht es hierbei um den ethischen Personenbegriff. Auf der anderen Seite ist es die Personenbezogenheit des Menschen und seiner Rechtsstellung innerhalb des Systems der Menschenrechte.

Am Ende des Vorwortes danke ich dem Verlag Duncker & Humblot, Berlin, für die Aufnahme der Abhandlung in die „Schriften zum Bürgerlichen Recht" vielmals.

Wien, im Jahre 1989

Hermann Eichler

Inhaltsverzeichnis

Erster Hauptteil
Rechtsvergleichende Vorbemerkungen   13

1. Einleitung 13
   a) Europäische Modelle 13
   b) Lateinamerikanische Modelle Código civil Brasileiro –
      Código civil de la Republica del Paraguay 18
2. Überleitung (nasciturus) 22

Zweiter Hauptteil
Gesetz und System
Schema der Grundbegriffe   24

1. Der gesetzessystematische Ort 24
2. Der werdende Mensch, die Rechtsperson, das Rechtssubjekt 25
3. Lebens- und Persönlichkeitsgüter 26
4. Angeborene und erwerbliche Rechte 28
   a) Österreichisches Recht 28
   b) Niederländisches Recht 28
5. Die Menschenrechte und Persönlichkeitsrechte 29
6. Das Lebensrecht 32
7. Der Personenbegriff 34
   a) Die natürliche Person 34
   b) Die juristische Person 36
      aa) Die juristische Person und das verdeckte Phänomen ... 36
      bb) Rechtsfähige und nicht rechtsfähige Vereine 36
      cc) Rechtsfähigkeit der Stiftung 39

Dritter Hauptteil
Altersstufen und Verantwortlichkeit — 41

1. Altersstufen 41
   - a) Systematik der Geschäftsfähigkeit 41
   - b) Gruppierungen 42
   - c) Sachwaltergesetz 44
   - d) Geschäftsfähigkeit und Willenserklärung 45
2. Deliktsrechtliche Verantwortlichkeit 46
   - a) Voraussetzungen und Billigkeitshaftung 46
   - b) Juristische und medizinische Beurteilungen geistiger Erkrankungen ... 46
3. Vom Namen zum Personenstand 48
   - a) Wohnsitz 48
     - Wohnsitzrechtliche Zusammenfassung 48
   - b) Namensrecht 49
   - c) Personenstandsrecht 50
     - aa) Code civil 50
     - bb) ZGB 50
     - cc) BGB und ABGB 51
   - d) Rechtshistorische Bemerkungen 51

Vierter Hauptteil
Vereine und Stiftungen — 53

1. Die systematische Stellung im BGB 53
   - a) Gesetzliche Gliederung 53
   - b) Der Verein als Bestandteil des Personenrechts 53
   - c) Wandlungen im System des Vereinsrechts 54
   - d) Gliederung der Stiftungen 56
     - aa) Anstaltsähnliche Einrichtungen 56
     - bb) Kirchliche und weltliche Stiftungen 56
     - cc) Öffentlichrechtliche und privatrechtliche Stiftungen 57
     - dd) Unselbständige Stiftungen 57
   - e) Rechtspolitische Bemerkungen 58
2. Sonderstellung der Verbände 59
   - a) Vereine und Verbände 59
   - b) Die vereinsrechtliche Organisation 60
     - aa) Untergliederungen und Zweigvereine 60

	bb) Vereinsverband und Gesamtverein	61
	cc) Koalitionen	61
	dd) Schranken der Vereinigungsfreiheit	61
3.	Österreichisches Berufsverbandsrecht	62
	a) Berufskammern	62
	b) Personenrechtliche Berührungspunkte mit der kollektiven Rechtsgestaltung	63
	c) Die Belegschaft	65
4.	Organe und Vertreter (BGB)	66
	a) Organismus	66
	b) Die Integration der Organe	68
	c) Die Mitgliederversammlung	68
	d) Der Vorstand	69
	e) Die Mitgliedschaft	70
	f) Organschaft	71
	g) Organschaft und Stellvertretung	72
5.	Stiftungsurkunden	73
	a) Österreich	73
	b) Schweiz (Erläuterte Urkundenauszüge)	78
	c) Bundesrepublik Deutschland	80
	d) Rechtspolitische Zusätze	89
	Rechtssystematische Bemerkung	90

Nachwort 92

   1. Die Fundamentalität des Personenrechts im Rechtssystem 92

   2. Das Personenrecht im Verhältnis zu anderen Materien des Privatrechts 94

   3. Rechtsphilosophischer Hintergrund 96

Auszug aus der einschlägigen rechtsphilosophischen Literatur 98

Personenregister 99

Erster Hauptteil
Rechtsvergleichende Vorbemerkungen

1. Einleitung

a) Europäische Modelle

Die Grundbegriffe des Personenrechts gehen in den europäischen Kodifikationen des bürgerlichen rechts ineinander über. Dies gilt vor allem für die Bezeichnungen Mensch, Person, Persönlichkeit und Rechtssubjekt, die sich vielfach überschneiden.

Das deutsche BGB geht im ersten Abschnitt von dem Oberbegriff „Person" aus, die Subjekt von Recht und Pflichten ist. Person in diesem Sinne meint die Rechtsperson, die rechtsfähig ist. Diese Eigenschaft kennzeichnet von vornherein den Personenbegriff des BGB. Mit Rücksicht darauf, daß die Personen in natürliche und juristische eingeteilt werden (§ 1 ff. BGB), wird die Rechtsfähigkeit auf den Menschen bzw. den Verein und die Stiftung bezogen.

Der Code civil handelt im ersten Buch allgemein von den Personen. Das Schrifttum erblickt in der Person im juristischen Sinn ein Subjekt von Rechten und Pflichten. Die Fähigkeit, Rechte zu erwerben und Pflichten einzugehen, wird als personnalité juridique bezeichnet. Ihre Bedeutung tritt in Ansehung der menschlichen Wesen in Erscheinung, wenn man alle Rechte zusammenfaßt, deren Träger sie sein können. Diese werden in der Definition gleichsam als Attribute der Persönlichkeit aufgefaßt. Sie bringt zum Ausdruck, daß die Person Rechte hat und juristische Aktivitäten im Sinne von Rechtshandlungen entfaltet (Marty-Raynaud, Droit civil, 3. Aufl., Les personnes, Paris 1976, Livre I, S. 8 ff.). Der Gesetzgeber räumt die Rechtspersönlichkeit einerseits den personnes physiques andererseits den personnes morales ein. Die Unterscheidung wird aus der geschichtlichen Entwicklung hergeleitet, in der die Sklaverei in den Kolonien und der bürgerliche Tod beseitigt wurden (1848/1854). Seit dieser Zeit, so wird ausgeführt, hat jedes menschliche Wesen im Prinzip die Rechspersönlichkeit und damit grundsätzlich die volle Fähigkeit zur Rechtsausübung, mag diese auch nicht immer persönlich stattfinden (zur capacité d'exercice s. Mazeaud-Mazeaud, Leçons de Droit civil, 1. Bd., 5. Aufl., II Les personnes, Paris 1972, S. 467 ff.).

Aus dem Begriff der personnalité hat die französische Lehre eine gewisse Zahl von Rechten hergeleitet, die in die Kategorie der Persönlichkeitsrechte (droits de la personnalité) eingegliedert werden. Vom System her betrachtet handelt es sich hierbei um verschiedene Ordnungsgesichtspunkte. Voran stehen die Rechte, die die konstituierenden Elemente der menschlichen Person zum Inhalt haben. Ausgangsvorstellung ist, daß der Mensch vor allem Rechte über sich selbst hat, die nur ihm zustehen (La personne humaine a d'abord des droits sur elle-même). Bei der Beschreibung dieser Elemente wird zwischen natürlichen und moralischen Personen unterschieden. In erster Hinsicht hat die Person Rechte über ihren Körper und kann Achtung ihrer Integrität verlangen (Marty-Raynaud, a.a.O., S. 8 ff.).

Außerdem werden moralische Rechte der Person geschützt. In Betracht kommen die Ehre und die Wertschätzung, von der der Mensch in seinem Lebenskreis umgeben wird. Eine Verletzung dieses Rechtes zieht nicht nur strafrechtliche, sondern auch zivilrechtliche Verantwortung nach sich.

Im weiteren Aufbau des Systems folgen die Elemente der Identifizierung der Person durch den Namen. Hiermit verbindet sich das Recht am Bilde.

Hinzu kommt als weiterer Gesichtspunkt die Achtung des Privatlebens (Gesetz vom 17. Juli 1970, art 9 Code civil). Die Reihe endigt mit dem Recht auf freie Ausübung der menschlichen „activité".

Im 1. Titel des Personenrechts befinden sich keine Vorschriften über die Geschäftsfähigkeit im Sinne des deutschen bürgerlichen Rechts. Entsprechende Regelungen über den Altersaufbau und die Handlungsfähigkeit sind in Titel X enthalten (De la minorité, de la tutelle et de l'émancipation). Die Systematik ergibt sich daraus, daß das Einzelpersonenrecht und Familienrecht ohne Trennung miteinander verbunden sind.

Das österreichische ABGB gewährt dem Menschen angeborene Rechte, auf Grund deren er als Person im Rechtssinne angesehen wird. Nach der Ausdrucksweise des Gesetzes handelt es sich um Rechte, die durch die „Vernunft einleuchten". Ihrem Ursprunge nach sind sie naturrechtlichen Charakters. Der Gesetzgeber hat eine Aufzählung vermieden. Übereinstimmung besteht darüber, daß die genannte Grundnorm die Persönlichkeit als Grundwert anerkennt und die Grundlage für den Aufbau eines Systems der Persönlichkeitsrechte bildet. Die Auslegung hängt damit zusammen, daß über die genannte Vorschrift die Anschauungen von den verfassungsmäßig gewährleisteten Grundrechte in das Privatrecht eindringen (Bydlinski, ZÖR 12, 423 ff., RZ 1965, 67 u. 85; Aicher, in: Rummel ABGB, Rdz. 30 § 16; Zu den verschiedenen Arten der Persönlichkeitsrechte siehe Aicher, a.a.O., Rdz. 12 bis 28). Zugrundeliegt der von Zeiller entwickelte Rechtsgedanke eines natürlichen Privatrechts, aus dem er das „Urrecht" der Persönlichkeit ableitet (Natürliches Privatrecht[3], S. 26 ff.). Hierauf gründete sich die Idee einer allgemeinen Rechtsfähigkeit, die die bisherigen Formen beschränkter Rechtsfähigkeit ablöste. Diese kommt heute noch in einer anderen Sinndeutung vor, und zwar im Sinne beschränkter Rechtszuweisung.

Von der Rechtsfähigkeit wird die Handlungsfähigkeit unterschieden, die sich aus der Vorschrift über erwerbliche Rechte (§ 18 ABGB) ableitet. Hiernach ist jedermann fähig, nach Maßgabe der Gesetze Rechte zu erwerben. Geschichtlich betrachtet geht es auch hierbei um eine angeborene Rechtszuständigkeit im

1. Einleitung

Sinne einer personalen Fähigkeit (siehe hierzu Ostheim, Zur Rechtsfähigkeit von Verbänden im österreichischen bürgerlichen Recht, Wien–New York 1967, S. 29 ff., der den Zusammenhang zwischen Rechtsfähigkeit und Handlungsfähigkeit analysiert).

Eine Besonderheit des österreichischen Rechtes ist es, daß die Personenrechte der Minderjährigen und der sonst in ihrer Handlungsfähigkeit Beeinträchtigten gesondert geregelt werden. Die genannten Personen stehen unter dem besonderen Schutz der Gesetze (§ 21, Abs. I, ABGB). Innerhalb der Gruppe der Minderjährigen werden unter Unmündigen diejenigen verstanden, die das vierzehnte und unter Kindern diejenigen, die das siebente Lebensjahr noch nicht vollendet haben (§ 21, Abs. II, ABGB).

In Anlehnung an das ALR und den Code civil sind ferner die Rechte aus dem Verhältnis einer moralischen Person in das System einbezogen worden. § 26 ABGB ordnet unter dieser Überschrift die Rechte der Mitglieder einer erlaubten Gesellschaft. Die Rechtsform entspricht nicht ohne weiteres der Institution der juristischen Person nach deutschem Recht. Diese gründet sich auf § 26 S. 2, wonach im Verhältnisse gegen andere erlaubte Gesellschaften regelmäßig gleiche Rechte mit den einzelnen Personen genießen (Ostheim, Rechtsfähigkeit, S. 163). Auf Grund dieser Unterscheidung sind Miteigentumsgemeinschaften zwar moralische Personen, aber keine juristischen Personen (Zur Geschichte siehe U. Floßmann, Österreichische Privatrechtsgeschichte, 1983, S. 46 ff. mit weiteren Angaben).

Das schweizerische Personenrecht besteht aus zwei Titeln, die die natürlichen und juristischen Personen ordnen. Der erste Abschnitt des 1. Titels behandelt das Recht der Persönlichkeit, die zuerst im allgemeinen geregelt wird. Gliederungsgesichtspunkte sind: die Rechtsfähigkeit, Handlungsfähigkeit, Handlungsunfähigkeit, Verwandtschaft und Schwägerschaft, Heimat und Wohnsitz. Es folgen in zwei weiteren Unterabschnitten der Schutz sowie der Anfang und das Ende der Persönlichkeit. Ein besonderer Abschnitt ist der Beurkundung des Personenstandes gewidmet. Eine ähnliche Gliederung ist dem 2. Titel „Die juristischen Personen" zugrundegelegt. Gegenstände sind die Vereine und Stiftungen. Bei den Vereinen werden körperschaftliche Personenverbindungen von den Vereinen ohne Persönlichkeit getrennt.

Das ZGB deutet in den Vorschriften über Rechts- und Handlungsfähigkeit den Gleichheitsgrundsatz an, indem es die Rechtsfähigkeit jedermann unterschiedslos zuerkennt. Demgemäß haben alle Menschen „die gleiche Fähigkeit, Rechte und Pflichten" innezuhaben (Art. 11). Die Handlungsfähigkeit setzt Mündigkeit und Urteilsfähigkeit voraus. Wer handlungsfähig ist, hat die Fähigkeit, durch seine Handlungen Rechte und Pflichten zu begründen. Die Mündigkeit beginnt mit der Vollendung des zwanzigsten Lebensjahres. Wer das achtzehnte Lebensjahr vollendet hat, kann für mündig erklärt werden (gem. Art. 15). Urteilsfähig ist „jeder, dem nicht wegen seines Kindesalters oder infolge von Geisteskrankheit, Geistesschwäche, Trunkenheit oder ähnlichen Zuständen die Fähigkeit mangelt, vernunftgemäß zu handeln" (Art. 16). Personen, die nicht urteilsfähig sind, oder die unmündig oder entmündigt sind, werden als handlungsunfähig behandelt. Die „Nichturteilsfähigen" können grundsätzlich durch ihre Handlungen keine Rechtswirkungen herbeiführen (Art. 17, 18). Urteilsfähige Unmündige oder Entmündigte bedürfen im Rechtsverkehr der Zustimmung ihres gesetzlichen Vertreters. Hiervon sind Rechtsgeschäfte ausgenommen, die auf unentgeltliche Vorteile gerichtet sind; außerdem bedürfen die Genannten keiner Zustimmung zur Ausübung von Rechten, die ihnen um ihrer Persönlichkeit willen zustehen (Art. 19, der die Verantwortlichkeit aus unerlaubten Handlungen unberührt läßt).

Besonders hervorhebenswert ist die Regelung des Schutzes des Persönlichkeit, weil sie von rechtsvergleichender Betrachtung gesehen eine weittragende internationale Bedeutung erlangt hat. Es handelt sich um die „Klage bei Verletzung" (Art. 28) der persönlichen Verhältnisse. Die Ansprüche wegen unbefugter Verletzung sind auf Beseitigung der Störung oder auf Schadenersatz bzw. Genugtuung gerichtet. Im Laufe der Zeit hat die Rechtsprechung den Begriff der persönlichen Verhältnisse in zahlreichen Fällen ausgelegt.

Die allgemeinen Bestimmungen für juristische Personen beziehen sich zuerst auf die Persönlichkeit der körperschaftlich organisierten Personenverbindungen und selbständigen Anstalten. Diese erlangen das Recht der Persönlichkeit durch die Eintragung in das Handelsregister. Hiervon sind ausgenommen, abgesehen von den öffentlichrechtlichen Einrichtungen, die ideellen Vereine sowie die kirchlichen Stiftungen und die Familienstiftungen. Von der Persönlichkeit der juristischen Personen wird ihre Rechtsfähigkeit getrennt festgelegt. Es kommen nur solche Rechte und Pflichten in Betracht, die nicht die natürlichen Eigenschaften des Menschen zur notwendigen Voraussetzung haben (Art. 53). Die Handlungsfähigkeit der juristischen Personen hängt von der Bestellung von Organen ab. Diese sind berufen, den Willen der juristischen Person zu verwirklichen (Art. 54, 55).

Im Anschluß an die allgemeinen Bestimmungen werden die Vorschriften über die Vereine und Stiftungen getroffen. In Ansehung der Vereine wird zwischen körperschaftlichen Personenverbindungen und Vereinen ohne Persönlichkeit dergestalt unterschieden, daß ideelle Vereine die Persönlichkeit erlangen, „sobald der Wille, als Körperschaft zu bestehen, aus den Statuten ersichtlich ist". Diese müssen über den Zweck des Vereins, seine Mittel und Organisation Aufschluß geben (Art. 60). Wenn der Vorstand bestellt ist, so ist der Verein befugt, sich in das Handelsregister eintragen zu lassen. Der Vorstand beruft die Vereinsversammlung ein, die als das oberste Organ des Vereins Beschlüsse faßt.

Die Errichtung einer Stiftung setzt die Widmung eines Vermögens für einen besonderen Zweck voraus. Sie kann in der Form einer öffentlichen Urkunde oder durch letztwillige Verfügung errichtet werden. Die Eintragung in das Handelsregister verfolgt gem. Art. 81 II. Was die Organisation angeht, so stellt die Stiftungsurkunde die Organe und die Art der Verwaltung der Stiftung fest.

1. Einleitung

Im Rahmen der Privatrechtsgeschichte der Neuzeit sind die beiden Kodifikationen des BGB und des ZGB mehrfach miteinander verglichen worden (unlängst von Wieacker, Privatrechtsgeschichte der Neuzeit, 2. Aufl. 1967, S. 492 ff.). Mit der Gegenüberstellung verbindet sich die Stellungnahme zur Notwendigkeit oder Entbehrlichkeit eines Allgemeinen Teiles. Dieser fehlt nämlich dem schweizerischen Recht. Teilweise ersetzen ihn die allgemeinen Bestimmungen der Einleitung (Art. 1-10, das Personenrecht und die allgemeinen Normen des Obligationenrechts). Der Grundgedanke ist, daß die allgemeine Rechtstheorie Aufgabe der Rechtswissenschaft ist.

Im einzelnen wird hervorgehoben, daß das schweizerische Recht den historischen Begriff der Mündigkeit und den Satz „Heirat macht mündig" aufrechterhalten hat. Erwähnung findet auch die Unverzichtbarkeit der persönlichen Freiheit (Art. 27 II ZGB).

Dem Ausdruck „juristische Person" möchte Wieacker im Anschluß an Art. 52 ZGB die Bezeichnung „körperschaftlich organisierte Personenverbindungen" vorziehen. Die derzeitige Regelung des schweizerischen Rechts spricht jedoch an verschiedenen Stellen noch von juristischen Personen (Art. 53, 54, 55 u. a.). Die letztgenannte Bestimmung bringt zum Ausdruck, daß die Organe berufen sind, dem Willen der juristischen Person Ausdruck zu geben, und daß sie diese sowohl durch den Abschluß von Rechtsgeschäften als auch durch ihr sonstiges Verhalten verpflichten. (Zur Charakteristik des ZGB vgl. bes. die von Wieacker, a.a.O., S. 490, Anm. 4 ff. zit. Abh. von Egger, Gmür, Rümelin, Rabel, Liver, Gutzwiller, Peter, Rotondi, Schwarz, Guggenbühl, Keller, Bluntschli u.a.).

Beide Kodifikationen weichen von der pandektenrechtlichen Anordnung der Darstellung ab, die nach Vermögensrecht und Familienrecht gegliedert ist. Dem Allgemeinen Teil folgen das Sachen-, Obligationen-, Familien- und Erbrecht. Im Zweiten Buch erscheint der Mensch als Rechtssubjekt, ebenso die juristische Person. Jedoch ist die Rede vom Beginn und Ende der menschlichen Persönlichkeit (Windscheid, Lehrbuch des Pandektenrechts, 7. Aufl., 1891, S. 118 ff.).

Erwähnenswert ist besonders noch der portugiesische Código civil (1967/68). Das Personenrecht ist im Anschluß an den Allgemeinen Teil (Titulo I) in Titulo II unter der Bezeichnung „Von den Rechtsverhältnissen" geregelt. Das Gesetzbuch sondert Einzelpersonen von kollektiven Personen. Unterschieden wird zwischen Persönlichkeit und Rechtsfähigkeit hinsichtlich der Gruppe der Einzelpersonen. Die Persönlichkeit erwirbt der Mensch im Zeitpunkt der Vollendung der lebenden Geburt. Die Rechte, die das Gesetz dem nasciturus gewährt, hängen von seiner Geburt ab. Die genannten Personen können Subjekte von Rechtsverhältnissen sein: hierin besteht ihre „capacidade jurídica". Die Persönlichkeit endigt mit dem Tode (Art. 66-68). Im Mittelpunkt der Regelung steht der allgemeine Schutz der Persönlichkeit (Art. 70). Das Gesetz schützt die Individuen gegen jede unerlaubte Verletzung oder Androhung einer Verletzung der physischen oder moralischen Persönlichkeit. Die folgenden Bestimmungen behandeln die besonderen Persönlichkeitsrechte.

Die Kollektivpersonen werden einer eingehenden Regelung in den Art. 157 ff. unterzogen. Die Bestimmungen beziehen sich in erster Linie auf Vereinigungen, die keinen wirtschaftlichen Zweck der Mitglieder verfolgen, und auf gemeinnützige Stiftungen. Gesellschaften werden einbezogen, wenn eine Analogie nach den Umständen gerechtfertigt ist. Für den Erwerb der Persönlichkeit im rechtlichen Sinne ist eine öffentliche Urkunde erforderlich (Art. 158–167). Stiftungen erwerben Rechtspersönlichkeit durch staatliche Anerkennung (Art. 158 II).

b) Lateinamerikanische Modelle

Código civil Brasileiro

Der Código civil Brasiliens vom 1. Januar 1916 (eingeführt durch Dekret vom 4. September 1942) erklärt jeden Menschen für fähig, Träger von Rechten und Pflichten zu sein „na ordem civil". Zwischen Brasilianern und Fremden wird nicht unterschieden, soweit es um den Erwerb und die Ausübung von zivilen Rechten geht. Die Rechtsfähigkeit wird als „personalidade civil" verstanden. Sie beginnt mit der lebenden Geburt (Art. 4). Aber das Gesetz kann dem nasciturus von der Zeit der Empfängnis bis zur Geburt besondere Rechte einräumen. Im weiteren Aufbau wird zwischen absoluter und relativer Geschäftsunfähigkeit unterschieden (Art. 5, 6). Dem Personenrecht liegt die Vorstellung einer rechtlichen Existenz des Menschen zugrunde. Nach Art. 10 erlischt die Existenz der natürlichen Person mit dem Tode. Dieser wird unter bestimmten Umständen vermutet (Art. 4181, 482). Das Zivilgesetzbuch sieht ein öffentliches Register vor, in das Geburten, Eheschließungen und Todesfälle eingetragen werden. Eine Besonderheit des brasilianischen Rechts ist die Emanzipation durch Vater oder Mutter oder durch eine gerichtliche Entscheidung (Art. 9, 12 II). Weitere Fälle der Eintragung sind die Entmündigung und die Abwesenheitserklärung nach Art. 12, III, IV). Der Wohnsitz wird erst am Ende der Regelung des Personenrechts in Art. 31 ff. behandelt.

Den juristischen Personen sind nur wenige Vorschriften gewidmet (Art. 13–30). Unterschieden werden allgemein juristische Personen des öffentlichen Rechts (interno ou externo) und des Privatrechts. Zu den Letztgenannten gehören verschiedene Arten von Gesellschaften sowie Vereinigungen von allgemeinem Nutzen und Stiftungen. Außerhalb dieser Einteilung befinden sich die Handelsgesellschaften (Art. 16). Im Mittelpunkt der Regelung steht das Zivilregister der juristischen Personen, deren rechtliche Existenz mit der im einzelnen bestimmten Eintragung beginnt.

Código civil de la Republica del Paraguay

Das neueste Zivilgesetzbuch von Paraguay erging am 18. Dezember 1985 (veröffentlicht am 23. Dezember 1985). Das erste Buch handelt von den Personen und den persönlichen Rechten in der Familie. Vorausgehen allgemeine Bestimmungen über die Rechtsfähigkeit der natürlichen Person (Art. 28). Angenommen wird, daß sie grundsätzlich mit der Geburt des Menschen beginnt. Das Gesetz hebt jedoch hervor, daß die Rechtsfähigkeit mit der Empfängnis beginnt, allerdings nur im Hinblick auf die unentgeltlichen Erwerbsarten wie die Schenkung, Erbschaft und das Vermächtnis. Das Gesetz regelt in Art. 29 die gesetzliche Empfängniszeit unter Hinzufügung einer unwiderleglichen Lebensvermutung. Aus früheren Gesetzbüchern wird der Begriff der „persona por nacer" übernommen. Die gesetzliche Vertretung dieser Personen endigt nach Art. 31 mit dem Tage der Geburt, die unter bestimmten Lebenszeichen als lebende angesehen wird.

In zusammenhängenden Bestimmungen werden die gleichzeitige Geburt und der gleichzeitige Tod mehrerer Personen behandelt. Für die Eintragung des Personenstandes sind besondere Register vorgesehen (Art. 35).

Den allgemeinen Bestimmungen folgen „la capacidad e incapacidad de hecho". Es handelt sich hierbei um die gesetzliche Fähigkeit bzw. Unfähigkeit der Rechtsausübung. In vollem Umfange wird sie mit der Mündigkeit, das heißt mit der Vollendung des 20. Lebensjahres, erworben. Ausgenommen hiervon sind die Tatbestände der „absoluten" Geschäftsunfähigkeit. Zu dieser Kategorie gehören die oben erwähnten „personas por nacer", Minderjährige unter 14 Jahren, Geisteskranke und Taubstumme, die sich nicht durch Schrift oder in anderer Weise verständlich machen können (Art. 37). Relativ handlungsfähig sind die Minderjährigen über 14 Jahre und diejenigen Personen, die im Sinne von Art. 28 gerichtlich für unfähig erklärt worden sind.

Den Geschäftsunfähigen beider Kategorien werden auf Grund besonderer Vorschrift notwendige gesetzliche Vertreter bestellt (Art. 40), die sich nach den einzelnen Gruppen richten. Es handelt sich dabei um die Eltern, den Vormund und die Pfleger.

In den folgenden Kapiteln werden der Name und der Wohnsitz behandelt (Art. 42-62). Die beiden letzten Kapitel regeln die Erklärung und die Vermutung des Todes (Art. 63-72). Die Schlußbestimmungen (Art. 73-90) sind der „interdicción" und der „inhabilitación" gewidmet. In erster Linie handelt es sich, um die Tatbestände, die nach der herkömmlichen europäischen Vorstellung unter die sog. Entmündigung fallen. Nach der Ausdrucksweise des Gesetzes (Art. 73) werden bestimmte Gruppen von Personen für geschäftsunfähig erklärt, nämlich die Volljährigen und die emanzipierten Minderjährigen im Falle ihrer geistigen Erkrankung, unter der Voraussetzung, daß sie ihre persönlichen Angelegenheiten oder die Verwaltung des Vermögens nicht mehr besorgen können. Das gleiche gilt für die Taubstummen, die sich im Rechtsverkehr nicht mehr in geeigneter Weise verständlich machen können. Die Entmündigung kann nur erklärt werden, wenn die betreffende Person durch einen oder mehrere Ärzte, die amtlich bestellt sind, untersucht worden ist. Für das Verfahren gelten Art. 75 ff. Der Richter ist verpflichtet, denjenigen, um dessen Entmündigung es sich handelt, persönlich zu untersuchen, und zwar unter Hinzuziehung eines sachgemäßen Spezialisten. Allen diesen Handlungen wohnt der amtliche „Defensor de Incapaces" bei. Wenn der Antrag von vornherein als nicht hinreichend begründet erscheint, hat das Gericht den „Defensor" vorher anzuhören. Für den Fall, daß dem Entmündigungsantrag stattgegeben wird, ist ein vorläufiger Pfleger zu bestellen, dessen Geschäftskreis sich nach Art. 77 ff. richtet. Seine Hauptaufgabe ist, dafür zu sorgen, daß der Entmündigte seine Gesundheit und Geschäftsfähigkeit wieder erlangt, insbesondere zu dem Zwecke, die Erträge seines Vermögens zu verwalten.

Das System der juristischen Personen (Titel II Art. 91 ff.) lehnt sich an die Ordnung des argentinischen Rechts an (Art. 33 ff. Código civil de la Republica Argentina). Hier wie dort werden die juristischen Personen des öffentlichen Rechts und des Privatrechts systematisch durch eine Aufzählung zusammengefaßt. Die Methode wurzelt im Pandektenrecht.

Vorangestellt werden als Körperschaft des öffentlichen Rechts der Staat, die Gemeinde und die katholische Kirche (Art. 91a-c). Hinzu kommen in diesem Rahmen autarkische, autonome Einheiten, denen sich weitere Erscheinungen dieser Art anschließen. Die folgende Gruppe wird von den Universitäten angeführt. Es folgen die Vereinigungen, die zum Gegenstande das Gemeinwohl haben, ferner Vereinigungen, die in das Register unter Beschränkung der Rechtsfähigkeit eingetragen werden. Die letzte Gruppe auf dieser Stufe bilden die Aktiengesellschaften sowie die kooperativen Gesellschaften. Einbezogen werden in die Systematik die Stiftungen. Der rechtliche Gesichtspunkt, unter dem die Einrichtungen (in Art. 91 e), f), h) und i)) zusammengefaßt sind, ist der Beginn der Rechtsfähigkeit, die auf der Ermächtigung durch das Gesetz oder die zuständige Verwaltungsbehörde beruht (Art. 93). Im übrigen verweist die Aufzählung noch auf andere Gesellschaften, die im dritten Buch geregelt sind.

Ihrer rechtlichen Struktur nach sind die juristischen Personen von ihren Mitgliedern verschiedene Rechtssubjekte: die entsprechenden Vermögensmassen sind voneinander unabhängig. Die Mitglieder haften daher nicht für die Verbindlichkeiten der betreffenden juristischen Person. Diese handelt durch ihre Organe. Infolgedessen werden die Wirkungen der Rechtsgeschäfte, die die Organe vertretungsweise abschließen, der betreffenden Institution ohne weiteres zugerechnet (Art. 94 ff.). Die juristischen Personen haften für den Schaden, den die Handlungen der Organe im Verhältnis zu Dritten verursachen, mag es um eine Handlung oder Unterlassung gehen. In diese Haftung wird die deliktische Verantwortlichkeit ausdrücklich einbezogen.

Das Gesetz bestimmt, daß die juristischen Personen im Hinblick auf die Zwecke der Institution dieselbe Rechtsfähigkeit haben wie die natürlichen Personen, was im einzelnen Art. 96 ausführt. Im Innenverhältnis sind die „directores" und „administradores" nach Auftragsrecht verantwortlich.

Im Mittelpunkt der Gesamtregelung stehen diejenigen Vereinigungen, deren Gemeinnützigkeit anerkannt ist. Die Eigenschaft wird negativ definiert, indem ausgeschlossen wird, daß der Zweck auf Gewinnerzielung gerichtet ist (fin lucrativo). Die Personen, die eine derartige Vereinigung gründen, haben den gemeinnützigen Zweck in der Satzung zum Ausdruck zu bringen, und zwar mittels einer öffentlichen Urkunde (Art. 102). Der Satzungsinhalt betrifft u. a. die Bezeichnung der Vereinigung, die Angabe der Zwecke, des Vermögens und Sitzes, ferner die Vorschriften über die Geschäftsführung und Verwaltung; außerdem die Rechte und Pflichten der Mitglieder und die Bedingungen ihrer Aufnahme.

Das oberste Organ ist die Generalversammlung. Sie wird durch den Vorstand einberufen, den die Versammlung ernennt. Der Vorstand repräsentiert die Einheit. Die Satzungen können seine Kompetenz beschränken, und zwar auch im Verhältnis zu Dritten. Die Wirkungsweise der Generalversammlung regeln Art. 107 ff. Es gilt das Mehrheitsprinzip, jedoch bedürfen jede Änderung der Satzung und jede Beschlußfassung über die Auflösung und Bestimmung des Vermögens einer Dreiviertel-Mehrheit. Die Änderung der Satzung bedarf der Zustimmung des „Poder Ejecutivo".

Besonders geregelt sind der Austritt und die Ausschließung eines Mitgliedes. Diese kann nur die Versammlung vornehmen. Eine Ausschließung ist aber nur unter schwerwiegenden Gründen zulässig. Dem Ausgeschlossenen wird das Recht eingeräumt, innerhalb von 30 Tagen eine gerichtliche Entscheidung herbeizuführen.

Was die Vereine mit beschränkter Rechtsfähigkeit angeht, so entstehen sie gemäß Art. 118 auf Grund einer Beurkundung und Eintragung in ein bestimmtes Register. Unter dieser Voraussetzung erlangen sie den Charakter von Einheiten, die von den natürlichen Personen, die sie integrieren, unabhängig sind, aber immer nur im Rahmen der Erfüllung ihrer Zwecke. Die Vereinigung kann vor Gericht durch den Vorstand oder durch eine beauftragte Person vertreten werden. Die Rechte der eingetragenen „asociación" bestimmen sich nach Art. 120.

In der systematischen Übersicht ist noch hervorzuheben, daß die Stiftungen in diesem Gesamtrahmen besonders behandelt sind (in Art. 124 ff.). Die Einrichtung setzt voraus, daß der Stifter das Vermögen zu Zwecken des Gemeinwohls stiftet. Der Wille ist in einer öffentlichen Urkunde oder in einem Testament zu offenbaren. Nach der Genehmigung der Stiftung ist der Gründer verpflichtet, die betr. Güter auf die in Betracht kommenden Personen zu übertragen. Der Stifter kann die Stiftung unter Lebenden unausgeführt lassen, aber nur vor der Genehmigung. Den Widerruf hat er der Behörde mitzuteilen. Jedoch ist der Erbe des Stifters nicht ermächtigt, die Stiftung zu widerrufen, wenn der Stifter ihre Genehmigung bereits beantragt hatte.

2. Überleitung (nasciturus)

Der Darstellung des Personenrechts ist die Lehre vom „nasciturus", – d.h. dem erzeugten aber noch nicht geborenen Menschen – der im deutschen Privatrecht als Leibesfrucht bezeichnet wird –, voranstellen. Das römische Recht hält bekanntlich dem werdenden Menschen den Erwerb von Rechten offen, die ihm im Falle seiner Geburt zufallen würden. Es geht um die bekannte Vorteilsregel „Nasciturus pro iam habetur, si de eius commodo agitur" (Paul.D.1,5,7; 50,16,231). Im Ergebnis gelangt die Vorteilsregel zu einer Gleichstellung der „nascituri" und „nati" in Ansehung der Rechtssubjektivität. Die neuere italienische Dogmatik dieser Lehre des römischen Rechts spricht von einem Gleichheitsgrundsatz. „Secondo il diritto romano, almeno in età giustinianea, il concetto della „esistenza" del nascituro ... si esplica come affermazione di un principio generale die parità". (Pierangelo Catalano, Osservazioni sulla „persona" dei nascituri ..., in: Rassegna di diritto civile, 1/88, p.53).

Der Gleichheitsgrundsatz kehrt in den neuzeitlichen Zivilrechtskodifikationen (besonders innerhalb des ibero-amerikanischen Rechtskreises) wieder. So geht Art. 70 des argentinischen Código civil von den „personas por nacer" aus, deren Rechtsfähigkeit bereits mit der Erzeugung beginnt. Der entsprechende Titel lautet „De la existencia de las personas antes del nacimiento". Der gemeinrechtlichen Betrachtungsweise hat sich die Pandektenlehre angeschlossen. Hiernach ist die Leibesfrucht zwar noch nicht Mensch, wird sie aber als rechtsfähiger Mensch geboren, so wird die rechtliche Existenz auf den Zeitpunkt der Erzeugung zurückbezogen (Windscheid, Lehrbuch des Pandektenrechts, 7. Aufl. I, S. 125).

Die neuere Gesetzgebung ist bestrebt, von der Fiktion der Personeigenschaft Abstand zu nehmen und auf die Gesetze abzustellen, die dem Schutze der Leibesfrucht dienen. Diesen Standpunkt hat besonders der italienische codice civile eingenommen (Titel I (1)), indem er die zwischenzeitlich erworbenen Rechte dem Ereignis der Geburt unterordnet (subordinati all'evento della nascita).

Der Grundgedanke ist, daß die in Betracht kommenden Rechte bereits als anwartschaftlichrechtlich gesicherte anfallen. Es handelt sich noch nicht um ausgereifte subjektive Rechte, sondern um die Wahrung künftiger Rechte. Das vergleichbare Vorbild ist die nacherbliche Anwartschaft zum Zwecke der Sicherung des Nacherbrechts. Nach dem BGB gilt eine zur Zeit des Erbfalls noch nicht erzeugte Person, die als Erbe eingesetzt ist, im Zweifel als Nacherbe (§ 2101, I BGB).

Für die personenrechtliche Beurteilung bleibt festzuhalten, daß nicht die Rechtsfähigkeit der Person in der früheren Weise nach Art einer Vermutung zurückzuverlegen ist, was positiv rechtlich ausgeschlossen ist, sondern daß für Einzelfälle, insbesondere erbrechtlicher Art, eine Einzelregelung zu treffen ist, wonach das betreffende Recht anwartschaftlich gesichert wird. Es geht dabei um

2. Überleitung (nasciturus)

die Wahrung künftiger Rechte der Leibesfrucht. Die gesetzliche Möglichkeit, daß die Leibesfrucht zur Wahrung ihrer künftigen Rechte einen Pfleger gemäß § 1912 BGB erhalten kann, ist der Ansatz für die Vorstellung einer Sorge für eine künftige Person. Die Einschränkung, daß es sich um künftige Rechte handelt, die einer Fürsorge bedürfen, würde der Analogie nicht im Wege stehen, weil die Schutzbedürftigkeit auf einer allgemeinen Regel beruht.

Zweiter Hauptteil
Gesetz und System
Schema der Grundbegriffe

1. Der gesetzessystematische Ort

Als Fernziel schwebt vor, aus der Ordnung der wichtigsten Grundbegriffe ein System des Gesetzes als einer späteren Kodifikation herzuleiten. Die überkommenen gesetzlichen Regelungen sind zum Teil dadurch veraltet, daß überholte Begriffe fortbestehen, während im Schrifttum neue Rechtserscheinungen aufgekommen sind, die noch der gesetzestechnischen Verarbeitung bedürfen. So ist z. B. im Laufe der Zeit die Vorstellung von „Fähigkeiten" in der Sprache des Gesetzes übersteigert worden. Auf der anderen Seite hat der Begriff der Persönlichkeitsrechte, wiewohl er in der Rechtsprechung und im Schrifttum einen festen Platz einnimmt, noch keinen systematischen Zugang zur Kodifikation gefunden. Dies gilt allerdings nicht für diejenigen Gesetzbücher, in denen anstelle der Rechtsfähigkeit die Rechtspersönlichkeit steht, wenn sich hieran die Rechte der Persönlichkeit zwanglos anschließen.

Es erhebt sich auch die Frage, ob die Gliederung des Personenbegriffes in natürliche und juristische Personen, die in der Rechtsprechung und im Schrifttum fest verankert sind, innerhalb des Gesetzbuches aufrechterhalten werden soll, zumal die juristischen Personen unlängst als „Rechtspersonen" gesetzlich konzipiert worden sind (so im niederländischen Recht).

Vorwegzunehmen ist die Klärung der systematischen Unterbringung des Personenrechts, das mit dem Familienrecht zusammengenommen einen einheitlichen Teil des Bürgerlichen Gesetzbuches nach der hier vertretenen Auffassung darstellen soll. Dies setzt allerdings voraus, daß der Allgemeine Teil bisheriger Prägung fortfällt. Unterstellt wird, daß diejenigen Bestimmungen, die nicht zum Personenrecht gehören, anderen Rechtsgebieten zugeschlagen werden. So könnten Vorschriften über Rechtsgeschäfte, Bedingungen und Stellvertretung der allgemeinen Vertragslehre zugeordnet werden. Auf der anderen Seite lassen sich Vorschriften über den Anspruch und die Selbstverteidigung in das Personenrecht einfügen.

Was das System des Familienrechts anbetrifft, so bleibt es trotz des angedeuteten Zusammenhanges mit dem Personenrecht hier außer Betracht, soweit es um die Vorbereitung der Kodifizierung geht. Dessenungeachtet sind einzelne familienrechtliche Phänomene von einzelpersonenrechtlicher Tragweite, wie etwa die Gegenüberstellung von ehelicher und außerehelicher Lebensgemeinschaft zeigt. Die gesetzliche Vertretung in der Gestalt des gesetzlichen Vertreters weist vom Personenrecht auf das Elternrecht hin. Der Plan der Darstellung ist nicht auf eine Formulierung von Gesetzesvorschriften nach Art eines Entwurfes eingerichtet, sondern beabsichtigt nur, einen Übergang von der Dogmatik und Systematik zum schließlichen Gesetzestext in einigen Linien grundsätzlicher Art aufzuzeichnen, um die Diskussion anzuregen. Nützlich sind hierbei Vorarbeiten z. B. der Entwurf eines Gesetzes zur Neuordnung des zivilrechtlichen Persönlichkeits- und Ehrenschutzes (Bundestagsdrucksache III Nr. 1237 v. 18.8.1959).

Im Hinblick auf die Fortschritte, die die Reform des Familienrechts in den letzten Jahrzehnten gemacht hat, befindet sich die gesetzgeberische Erneuerung des Einzelpersonenrechts vergleichsweise im Rückstand.

2. Der werdende Mensch, die Rechtsperson, das Rechtssubjekt

Nach den Motiven zum BGB (I, S. 25) erfüllt die Rechtsordnung, indem sie die Rechtsfähigkeit des Menschen anerkennt, ein Gebot der Vernunft und Ethik. Hierin liegt die Anerkennung des Satzes, daß die Rechtsfähigkeit dem Menschen vorgegeben ist. Dem Gesetz blieb nur übrig, den Zeitpunkt des Beginnes festzulegen (gem. § 1 BGB ist dies der Zeitpunkt der Geburt). Die Rechtsfähigkeit beginnt daher erst mit der Vollendung der Geburt, die völliges Ausscheiden aus dem Mutterleib voraussetzt, dagegen nicht die Fähigkeit, das Leben fortzusetzen. Anerkannt ist, wenngleich nicht unwidersprochen geblieben, daß jener Zeitpunkt nicht mit der Zeugung zusammenfällt. Der „werdende Mensch" ist daher nach allgemeiner Ansicht keine Rechtsperson. Von welchem Entwicklungsstadium der Schwangerschaft die Eigenschaft des werdenden Menschen ihren natürlichen Anfang nimmt, kann hier offen bleiben (Larenz, Allgemeiner Teil, S. 79 ff.; Wolf-Naujoks, Anfang und Ende der Rechtsfähigkeit des Menschen, Frankfurt a. M. 1955, S. 83 ff., 92 ff., 118 ff., wo Mensch und Leben als natürliche Begriffe erläutert werden; 230 ff., wo der nasciturus für rechtsfähig erklärt wird; 237 ff., wo das Ende der Rechtsfähigkeit behandelt wird). Das Verhältnis der „Rechtsperson" zum „Rechtssubjekt" gehört der allgemeinen Rechtslehre an.

Das Schrifttum hat allerdings gelegentlich von einem circulus vitiosus gesprochen, weil auf die Frage, was ist ein Rechtssubjekt, geantwortet wird: die *Rechtsperson,* und auf die weitere Frage, wen diese darstellt, die Antwort gegeben wird: wer Träger von Rechten und Pflichten ist, woraus sich als letzte Folgerung wieder der Hinweis auf die *natürlichen und juristischen Personen* ergibt.

Die Rechtsfähigkeit des Menschen paßt freilich nicht a priori in dieses System, weil allgemein die Zuordnung von Rechten und Pflichten gemeint ist. Die hierdurch begründete „Rechtszuständigkeit" bezieht sich streng genommen auf die *Rechtsperson.* Die Rechtssubjektivität, um die es letzten Endes geht, begründet eine dem Rechtsinhalt entsprechende Rechtsmacht. Der Ausdruck „Fähigkeit" entspricht ohnehin nicht dem allgemeinen Sprachgebrauch, wenn er mit dem Wort Recht verbunden wird. Gegen den Gebrauch des Wortes Rechtsfähigkeit sind ohnehin neuerdings Bedenken aufgekommen, weil diese als Verhaltensmacht aufgefaßt wird (s. u. Reuter). Es besteht allerdings die Gefahr, daß die Abgrenzung von der Handlungsfähigkeit nicht gelingt. Andererseits läßt sich diese eher von der Vorstellung des rechtlichen Könnens begreifen. Ihre Aufgliederung in Geschäfts- und Deliktsfähigkeit ist indes angreifbar, weil die letztere ihren Schwerpunkt in der Verantwortlichkeit hat. Es fragt sich überhaupt, ob die weit ausgebreitete Vorstellung von Fähigkeiten innerhalb der Privatrechtsordnung ratsam ist (im Familienrecht und Erbrecht ist z. B. die Rede von der Ehe- und Testierfähigkeit).

Es wird noch zu zeigen sein, daß die Rechtsfähigkeit der juristischen Personen keine „natürliche" ist, sondern auf einem besonderen Verfahren beruht, durch das die Rechtssubjektivität erst herbeigeführt wird. Daß die Rechtsfähigkeit des Menschen auf natürliche Weise entsteht, ist eine von der Historischen Schule geförderte Annahme, die mit den natürlichen Eigenschaften des Menschen im einzelnen nur wenig zu tun hat, sondern aus der Gegenposition zum Erwerb der Rechtsfähigkeit der juristischen Person erwachsen ist. Insofern ist die Bezeichnung natürliche Person dialektisch.

3. Lebens- und Persönlichkeitsgüter

Die Auseinandersetzung um das allgemeine Persönlichkeitsrecht begann mit der Eingliederung bestimmter Güter in das deliktsrechtliche Schadensersatzsystem der §§ 823 ff. BGB. Zahlreiche gerichtliche Entscheidungen billigten dem Persönlichkeitsrecht einen gewissen Schutz aus dem Gesichtspunkt der sittenwidrigen Schädigung (§ 826 BGB) zu. Die Güter, die durch den Grundtatbestand der deliktsrechtlichen Normen (§ 823 I BGB) geschützt werden, nämlich Leben, Körper, Gesundheit und Freiheit, wurden bald als Lebensgüter bald als Persönlichkeitsgüter bezeichnet. Der Sprachgebrauch ist uneinheitlich geblieben. Im Hintergrunde stand immer noch die Unterscheidung zwischen Rechtsgütern und Rechtssubjekten. Der Gegensatz beruhte namentlich darauf, daß die genannten vier Schutzgüter nicht als Objekt von Rechten, sondern lediglich als Rechtsgüter anerkannt wurden. Die Antithese ergab sich daraus, daß das Gesetz im Anschluß das Eigentum oder ein sonstiges Recht anführte.

Im Rahmen der angedeuteten Entwicklungsstufe räumte man dem Menschen nur einen deliktrechtlichen Schutz ein, der im schuldrechtlichen Schadensersatzanspruch stecken blieb. Der Persönlichkeitsschutz strebte aber ein absolutes Recht als allgemeines Persönlichkeitsrecht an. In die Vorgeschichte ist der Vollständigkeit halber die Vorschrift des § 823 II BGB, die die Verletzung eines Schutzgesetzes regelt, einzufügen, weil eine Reihe solcher Bestimmungen den Schutz des einzelnen auch in persönlicher Hinsicht bezweckt. Im Gesamtüberblick ist festzuhalten, daß die Grundnorm dreifachen Schutz gewährt, und zwar

3. Lebens- und Persönlichkeitsgüter

zuerst durch die Grundformel und durch die anschließende Einbeziehung absoluter Rechte, schließlich durch einschlägige Schutzgesetze.

Problematisch ist die Kategorie der subjektiven Rechte geworden, weil die herrschende Lehre beim Ausbau des Grundgedankens das Persönlichkeitsrecht unter die Kategorie der sonstigen Rechte brachte (BGH 13, 334; 24, 72 ff.; 26, 349; 50, 133, 143). Im Schrifttum ist die Einordnung auf Widerstand gestoßen, weil das Persönlichkeitsrecht nicht als ein Herrschaftsrecht, das sich auf einen körperlichen oder unkörperlichen Gegenstand bezieht, angesehen werden kann (zu den Gründen siehe Larenz, Lehrbuch des Schuldrechts II, 11. Aufl., 1977, S. 533). Die Eigenart der in Rede stehenden Rechte liegt in der Achtung des Menschen und der Gewährleistung der Unversehrtheit in seinem in Betracht kommenden Lebenskreis. Diese ist ein Teil der persönlichen Freiheit (Grossen, Das Recht der Einzelperson, in: Schweizerisches Privatrecht, 1967, S. 3.61).

Die Persönlichkeitsgüter sind nicht nur von dem Eigentum und sonstigen Vermögensrechten, sondern auch von den Deliktstatbeständen systematisch abzugrenzen. Die Aufgliederung des Rechts an der Persönlichkeit setzt nämlich bei dem Schutz des Daseins ein und knüpft an Leben, Existenz, persönliche Freiheit, Körper und Gesundheit an. Hierdurch soll aber offensichtlich nicht die deliktsrechtliche Regelung zum Fundament der Lehre vom Persönlichkeitsrecht gemacht werden, den Ausgangspunkt bildet vielmehr eine gesamtheitliche Konzeption der Persönlichkeit (siehe hierzu Hubmann, unten, S. 220, der im nächsten Abschnitt das Recht auf Individualität aufgliedert. Hierin wird auch die Identität aufgezählt, die im Grunde genommen den Anfang bildet). In dem Gesamtaufbau wird als ein besonders schützenswertes Rechtsgut das Privatleben angesehen, wenngleich nicht verkannt wird, daß die Abgrenzung dieses Rechtsgutes im Hinblick auf seinen Schutzbereich Schwierigkeiten bereitet. Dies gilt besonders für die Erfassung der Natur der verschiedenen Bereiche der Privatsphäre (BGH 24, 200; 36, 80; zum Schrifttum siehe Hubmann, a.a.O., S. 321, A.4. Als Beispiele werden angeführt das Ausspionieren privater angelegenheiten durch beauftragte Personen, das Abhören privater Unterhaltungen mittels technischer Vorrichtungen, das heimliche Photographieren). (Zu der menschenrechtlichen Grundlegung des Rechtsgutes „Privatleben", bzw. „Privat- und Familienleben" siehe Kienapfel, Privatsphäre und Strafrecht, Wien 1969; z. Ganzen siehe Bußmann, V 42, DJT I, Tübingen 1957, S. 60 ff.).

Demgegenüber leiten sich aus dem allgemeinen Persönlichkeitsrecht ab: die unbefugte Verwendung des Namens oder von Bildern (z.B. im Bereich der Reklame). Hiermit wird auch die Verfälschung des „Lebens- und Charakterbildes" in Zusammenhang gebracht (BGH 50, 133). Besonders betont wird das Recht auf Wahrung der Geheimsphäre (Aicher, a.a.O., Rdn. 24, 24a auch im Hinblick auf das Datenschutzgesetz). Die Privatsphäre wird u. a. im Rahmen der Auswirkungen des Persönlichkeitsrechts im Arbeitsrecht für schutzwürdig erachtet (a.a.O., Rdn. 26, das weithin berücksichtigt wird).

Was das „postmortale" Persönlichkeitsrecht betrifft, so erkennt man nur an, daß die Angehörigen des Verstorbenen im Hinblick auf sein Andenken schutzwürdig sind (Raschauer, Namensrecht, S. 272).

Auf die erwerblichen Rechte (§ 18 ABGB) ist hier nur insoweit hinzuweisen, als die personale Fähigkeit auch zu ihrem Erwerb „angeboren" ist.

4. Angeborene und erwerbliche Rechte

a) Österreichisches Recht

Nach der Systematik des ABGB (§ 16) werden angeborene und erwerbliche Rechte voneinander unterschieden. Das Gesetz verknüpft mit der ersten Gruppe die Personeigenschaft, ohne sonst einzelne Rechte anzuführen (im Gegensatz zum Entwurf Martinis). Aus Zeillers Aufzählung (Natürliches Privatrecht[3], S. 69-71) wird hergeleitet, daß jedenfalls die oben mehrfach erwähnten Lebensgüter (§ 823 I BGB) gemeint sind, allerdings unter Einbeziehung der Ehre (so Aicher bei Rummel, a.a.O., § 16 Rdn. 1). Der naturrechtliche Ursprung der Grundnorm (siehe Floßmann, a.a.O., S. 17) ist inzwischen von den Präzisierungen überdeckt, die die Entwicklung des Verfassungsrechts und Zivilrechts im Laufe der langen Zeit mit sich gebracht hat. Die Grundnorm erlangte im Gesamtsystem der Rechtsordnung zentrale Bedeutung, mag sie auch inhaltlich „offen" geblieben sein.

Auf § 16 ABGB gründen sich sowohl das allgemeine als auch die besonderen Persönlichkeitsrechte, wiewohl in erster Hinsicht Meinungsverschiedenheiten aufgekommen sind (zur Streitfrage siehe Ostheim, RF. S. 101 ff.; Gschnitzer, AT 79; Aicher, a.a.O., die auf dem Boden des allgemeinen Persönlichkeitsrechts stehen; ablehnend: u. a. Jabornegg-Strasser, in: Strasser (Hrsg.), Privatrecht und Umweltschutz, 1976, S. 80). Jedoch darf die Tragweite der Streitfrage nicht überschätzt werden, weil selbst bei Ablehnung eines allgemeinen Persönlichkeitsrechts die einzelnen Rechte dieser Art, die positiviert sind, einer „inneren" einheitlichen Begründung im Sinne einer Wurzel bedürfen, da sie dogmatisch nicht zusammenhanglos sind. Zu ihnen gehören in erster Linie das Recht auf körperliche Unversehrtheit (§ 1325 ABGB) sowie das Recht auf Freiheit (§ 1329 ABGB), wozu auch die „Willensbildungsfreiheit" gehört. Einbezogen wird der *grundrechtliche Schutz* der Freiheit. Besonders hervorhebenswert ist, daß das Recht auf Ehre in den Katalog aufgenommen ist (§ 1330 I ABGB; Koziol, Haftpflichtrecht II, S. 141 ff.).

b) Niederländisches Recht

Das niederländische Burgerlijk Wetboek von 1977 beginnt mit dem Satz, daß alle Menschen frei und zum Genuß der bürgerlichen Rechte befugt sind. Hierdurch wird die Rechtsfähigkeit ohne weiteres vorausgesetzt. Überdies wird sie mit dem Gedanken der Freiheit verbunden. Außerdem wird die Gleichheitsidee hervorgehoben, weil sich Art. 1 auf alle Menschen bezieht, die sich in dem Rechtsgebiet befinden. Auf diesem Wege wird der Freiheits- und Gleichheitsgedanke mehr oder weniger ausgesprochen in das bürgerliche Recht eingebracht.

5. Die Menschenrechte und Persönlichkeitsrechte

Mit den verfassungsrechtlichen Grundrechten sind „Menschenrechte" gemeint, die dem positiven Recht vorgegeben sind, und daher nur deklaratorisch bestätigt werden. Die Grundrechte sind einerseits Rechte des Individuums andererseits Elemente einer objektiven Ordnung, die die Verfassung errichtet. Was die sog. natürliche Freiheit und Gleichheit anbetrifft, so sind diese Grundrechte nur insoweit gewährleistet, als sie zur „positiven staatlichen Rechtsordnung" gehören (K. Hesse, Grundzüge des Verfassungsrechts der Bundesrepublik Deutschland, 15. Aufl., S. 114). Die Menschenrechte sind allgemeingültig, und zwar in dem Sinne, daß sie nicht nur einem bestimmten Kreis zukommen, sofern sich ein solcher nicht aus der Natur der Sache ergibt (wie z. B. bei „Bürgerrechten", Hesse, a.a.O., S. 115). Das Privatrecht konkretisiert in seinen Regelungen den Rechtsgehalt der Grundrechte im Anwendungsbereich der privatrechtlichen Normen. Die Aufgabe liegt in den Händen des „Privatrechtsgesetzgebers". Für die Auslegung von Generalklauseln können die Grundrechte im Privatrecht Bedeutung erlangen; wenngleich zu berücksichtigen ist, daß die erwähnten Rechte stets nur ein Minimum individueller Freiheiten gewähren, so daß die persönliche Freiheit der einzelnen auf Grund besonderer Vereinbarungen weiterreichen kann als die verfassungsrechtlich gewährte (G. Dürig, Grundrechte und Zivilrechtsprechung, in: Vom Bonner Grundgesetz zur gesamtdeutschen Verfassung, FS H. Nawiasky, 1956, S. 157 ff.; Zur sog. Drittwirkung siehe H. Hübner, Allgem. Teil des BGB, Rdn. 72 mit weiterer Literatur; Hesse, Hdb. des Verfassungsrechts, hrsg. v. Benda-Maihofer-Vogel, I, 1984, S. 104 ff.).

Das Grundgesetz erklärt die Würde des Menschen für unantastbar (Art. 1 I). Nach Art. 2 II ist die Freiheit der Person unverletzlich. Die Linie Menschenwürde, Freiheit wird in Art. 3 I mit der Gleichheit und Gleichberechtigung von Mann und Frau fortgesetzt. Der Anspruch auf Freiheit folgt gleichsam aus der Menschenwürde, beruht aber auch auf der Einsicht „in die verhältnismäßig günstigen Bedingungen von Wahrheit, Vernunft, Friede, sozialer Gemeinschaft, demokratischer Mitwirkung sowie in die Bedingungen der Gerechtigkeit des Rechts, des Fortschritts und der Bewahrung des Erreichten" (M. Kriele, Freiheit und Gleichheit, in: Hdb des Verfassungsrechts, Bd. 1, S. 131 ff.).

Eine übergeordnete Stellung nimmt das Recht auf die freie Entfaltung der Persönlichkeit ein (Art. 2 I). Dieses Grundrecht kommt allerdings nach dem Ausgangspunkt der Gesamtregelung nur in den Schranken der Rechte anderer Rechtssubjekte zum Tragen, wird überdies durch die verfassungsmäßige

Ordnung begrenzt (Hesse, Grundzüge, S. 164 ff.). Unter diesen Einschränkungen wird eine allgemeine Handlungsfreiheit des Menschen garantiert (aus der Rechtsprechung BVerfGE 6, 32 ff.). Auf der Grundlage dieser und anderer Vorschriften hat sich im Laufe der Zeit ein verfassungsrechtliches Menschenbild entwickelt. Der Mensch wird als Person im rechtlichen Sinne angesehen, und zwar im Hinblick auf die freie Entfaltung seiner Persönlichkeit und grundgesetzlich anerkannte Eigenschaften, die sich aus seiner familienrechtlichen Gebundenheit, Mitgliedschaft in Parteien und sonstigen gesellschaftlichen Stellungen ergibt (Art. 6, 21, 28 GG). Problematisch ist, daß das Grundgesetz dem Individuum die freie Entfaltung seiner Persönlichkeit neben der allgemeinen Freiheit der Person gewährt, die sich nach h. M. nur auf die Entziehung der körperlichen Bewegungsfreiheit erstreckt und bestimmte Nötigungstatbestände einschließt, jedoch nicht die wirtschaftliche Bewegungsfreiheit deckt (Palandt-Thomas, § 823 BGB 4c; Zur Dogmatik siehe Hubmann, a.a.O., S. 183).

Im Aufbau des Systems ist das Interesse nicht allein auf das Persönlichkeitsrecht gerichtet, sondern zugleich auf seinen systematischen Zusammenhang mit den sog. Lebensgütern (§ 823 I BGB). Die Problematik ist eigenartig, weil eine derartige schuldrechtliche Generalklausel mit personenrechtlichem Einschlag unter rechtsvergleichendem Aspekt auffällig ist. Den personenrechtlichen Kern hatte bereits Lehmann herausgeschält, indem er ausführte, daß der Schutz des Lebens und der anderen Güter nur das Interesse am „Genuß" der geschützten Person sichere, woraus er herleitete, daß das allgemeine Persönlichkeitsrecht unter die subjektiven Rechte falle (siehe J. Simon, Das Allgemeine Persönlichkeitsrecht und seine gewerblichen Erscheinungsformen, Freiburger Rechtsgeschichtliche Abhandlungen, Neue Folge, Bd. 3, Berlin 1981, S. 195; H. Lehmann, Allgemeiner Teil des Bürgerlichen Gesetzbuches, 1922). Das Problem kann heute als gelöst betrachtet werden, nachdem das System der Persönlichkeitsrechte im Rahmen der subjektiven Privatrechte errichtet worden ist. In dieser Hinsicht ist die französische Ordnung wegen ihrer Geschlossenheit voranzustellen. Es handelt sich um die „droits de la personnalité", die jedem Menschen als solchem zustehen (M. Ferid, Das französische Zivilrecht, Erster Band, 1971, S. 176 ff., Zur Lehre vom subjektiven Recht, und hier die verschiedenen Arten der subjektiven Privatrechte, S. 180 ff.).

Diese Gruppe befindet sich im Gesamtsystem vor den Familienrechten und Vermögensrechten. Die Persönlichkeitsrechte werden als solche humaner Substanz aufgefaßt. In erster Linie gehört hierher, wie oben angedeutet, das Recht auf Unversehrtheit im weitesten Sinne. Es ist daher nicht nur die „intégrité de la personne physique", sondern auch das Recht auf „l'intégrité morale" gemeint. Hiervon wird namentlich das Recht auf Ehre umfaßt. Hinzu kommen das Namensrecht und das Recht am eigenen Bilde, die früher als Eigentumsrechte konzipiert wurden. Eine besondere Stellung nimmt der Mißbrauch von Tonbandaufnahmen ein, wodurch das Recht auf Geheimhaltung unter Umständen verletzt werden kann. Durch die Gesetzgebung hat in diesem Zusammenhang das Recht auf Achtung des Privatlebens eine vorbildliche Bedeutung erhalten

5. Die Menschenrechte und Persönlichkeitsrechte

(Art. 9 Code civil, eingefügt durch Gesetz vom 17. Juli 1970. Chacun a droit au respect de sa vie privée). Die Rechtsprechung hat dieses Recht in einer Reihe von Fällen zur Anwendung gebracht (siehe R. Lindon, Les droits de la personnalité, Paris 1974, S. 9 ff.). Der Verfasser hat im Rahmen der Betrachtung des Privatlebens des einzelnen die Beziehungen zu seiner Familie persönlichkeitsrechtlich erläutert (S. 348), und zwar besonders unter dem Gesichtspunkt „la sépulture, les souvenirs de famille". Das geistige Eigentum kommt in dem Begriff „Le droit morale de l'auteur" zum Tragen (Ditz, Das droit moral des Urhebers im neuen französischen und deutschen Urheberrecht, Urheberrechtliche Abhandlungen des Max-Planck-Institutes für ausländisches- und internationales Patent-, Urheber- und Wettbewerbsrecht, Heft 7, München 1968, zit. n. M. Ferid, Das Französische Zivilrecht I, 1971. Ffm.-Berlin, S. 180, Anm. 51; siehe ferner Ulmer, JZ 1955, 401 ff., sowie denselben, Urheber- und Verlagsrecht, 2. Aufl. München 1960, S. 52 ff., 64, wo personenrechtliche und vermögensrechtliche Elemente analysiert werden).

Die Persönlichkeitsrechte werden in der französischen Literatur mitunter „droits de l'homme" genannt, weil sie vom Verfassungsrecht garantiert werden, und deshalb der Gedanke an die Menschenrechte einwirkt. Dessenungeachtet bleiben sie bürgerliche Rechte, deren Verletzung einen vermögensrechtlichen Schadensersatzanspruch nach Art. 1382 Code civil auslösen kann.

Eine hervorragende Darstellung der Arten und Inhalte des Persönlichkeitsrechtes hat Hubmann im Hinblick auf das bundesdeutsche Recht gegeben. Ausgangspunkt ist das Recht auf Entfaltung der Persönlichkeit, deren Grundlage die allgemeine Handlungsfreiheit und körperliche Bewegungsfreiheit ist. Hervorgehoben werden dabei die Betätigung der Arbeitskraft und die gewerbliche Betätigung. Es folgen das Recht auf Freiheit der Vereinigung und das Recht auf freie Meinungsäußerung. Hiermit wird die religiöse und sittliche Betätigung verbunden. Den Abschluß bildet das Recht auf Ausbildung (Hubmann, Das Persönlichkeitsrecht, 2. Aufl., 1967, S. 175 ff.).

Auf dem vorstehenden Fundament baut sich das Recht an der Persönlichkeit auf. Die Persönlichkeitsgüter werden im allgemeinen und im einzelnen behandelt. Darunter fallen das Leben, die Existenz des Menschen, Körper und Gesundheit. Das Gegenstück bildet gleichsam der Schutz des Geistes, der sich auf Grund kultureller Schöpfungen in Leistungen verschiedener Art, besonders der erfinderischen und ästhetisch-gewerblichen, ausprägt. Den Abschluß dieser Grundformen bildet der Schutz des Willens, des Gefühls- und Seelenlebens sowie der persönlichen Beziehungen. Am Ende fügt Hubmann das Recht auf Individualität an. Um die Persönlichkeit legt er drei Kreise: die Individualsphäre, die Privatsphäre und die Geheimsphäre. Die Identität offenbart sich in dem Namen, der Firma und dem Warenzeichen. Im Mittelpunkt des Abschnittes befindet sich die Ehre. Am Ende werden die Arten des Bildes, besonders das Lebensbild, sowie die Arten des Wortes entwickelt.

Unter der Überschrift „Das Subjekt des Persönlichkeitsrechts" stehen auch die juristischen Personen und andere Verbände, ferner der nasciturus und der Verstorbene. Die Ansprüche richten sich auf Schadensersatz, Unterlassung, Bereicherung, Aufopferung und Entgegnung.

Das allgemeine Persönlichkeitsrecht bedarf einer rechtsgrundsatzmäßigen gesetzlichen Regelung, auf die sich die besonderen Rechtsformen stützen können. Das künftige gesetzliche System sollte der Verwirrung entgegenwirken, die aus dem „Nebeneinander" von Menschen-, Personen- und Persönlichkeitsrechten allgemeiner und besonderer Art droht.

Die Kommentarliteratur greift die Vorstellung von Sphären auf, indem sie die Individualsphäre, die die Eigenart des Menschen innerhalb der Umwelt beinhaltet, die Privatsphäre, die das Leben in seinen engeren Bereichen und „das sonstige Privatleben" umfaßt, und die Intimsphäre, die das Gedanken- und Gefühlsleben mit den Erscheinungsformen „wie vertraulichen Briefen, Tagebuchaufzeichnungen sowie die Angelegenheiten, für die ihrer Natur nach Anspruch auf Geheimhaltung besteht", umschließt. Hinzu treten besondere gesetzliche Regelungen, u. a. das Kunsturhebergesetz, das Urheberrechtsgesetz, sowie das Bundesdatenschutzgesetz. Den Abschluß bildet das postmortale Persönlichkeitsrecht. Der Grundgedanke ist, daß der Verstorbene nicht mehr Subjekt von Rechten ist, daß aber seine Werke und Werte nach dem Tode fortwirken. Träger des Persönlichkeitsrechts ist unter diesen Umständen nicht mehr der Verstorbene, sondern der Überlebende, der für die Wahrung des angedeuteten Interesses, das ihn noch mit dem Toten verbindet, nach den Umständen des Falles in Betracht kommt (Palandt-Thomas, § 823, Rdn. 14, 15; Buschmann, Zur Fortwirkung des Persönlichkeitsrechts nach dem Tode, NJW 1970, 2081; Bussmann, Persönlichkeitsrecht in Presse, Film und Funk, JR 1955, 202 ff.; Bydlinsky, Zur Problematik des Persönlichkeitsrechts und des immateriellen Schadens, JBL Bd. 87, 1965, 173 ff.; Heldrich, Der Persönlichkeitsschutz Verstorbener, FS Heinrich Lange, 1970, 163; Grossen, J. M., La protection de la personnalité en droit privé, ZRS Nf. 79 1 ff.).

6. Das Lebensrecht

Dem dogmatischen Verständnis des Persönlichkeitsrechts und der entsprechenden Lebensgüter ist besonders die italienische Lehre dienlich gewesen. Vor allem sind es die Erläuterungen von De Cupis (I diritti della personalità I und II, in: Cicu-Messineo, Trattato di Diritto civile e commerciale IV, 1, Milano 1959–1961, S. 13 ff.), wonach nicht alle Rechte die der Persönlichkeit einen Inhalt geben, bestimmt sind, Persönlichkeitsrechte genannt werden können, sondern nur „diritti essenziali". Das Lebensrecht ist ein angeborenes Recht, daß De Cupis als „essentialissimo" bezeichnet.

6. Das Lebensrecht

Das Leben als Lebensgut aufzufassen, läuft auf eine Tautologie hinaus. Die Kombination zwischen Gut und Recht zum Begriff Rechtsgut setzt nämlich voraus, daß das Leben objektivierbar ist. Im Grunde genommen ist dies nicht der Fall, weil es dem Menschen a priori gegeben ist, nicht erst von den deliktsrechtlichen Bestimmungen zugewiesen wird. Die Konstruktion eines Herrschaftsrechs nach der Art eines subjektiven Rechts, kraft dessen er über sein Leben zu herrschen vermöchte, geht fehl. Der Mensch steht von vornherein durch sein Leben innerhalb der Rechtsgemeinschaft und ihrer Ordnung. Infolgedessen ist er es selbst, der mit dem Leben als Mensch entsteht und eine „personale" Existenz innerhalb der Rechtsordnung erwirbt. Der Schutz des Menschen als eines Lebewesens wird eher von der Rechtsidee des Personenschutzes als dem des Persönlichkeitsschutzes aufgenommen, weil das Persönlichkeitsrecht seine Schwerpunkte nach der Seite der Gestaltung des Daseins verlagert. Aus der Existenz des Menschen, die rechtlich a priori anerkannt ist, folgt ohne weiteres sein Lebensrecht (Eichler, Das Leben, Eine Vorstudie, FS f. Reimer Schmidt, 1976, mit weiteren Literaturangaben, S. 22 ff.). Es schwebt hierbei das gesetzgeberische Ziel vor, de lege ferenda im Rahmen des Personenrechts künftiger Gestalt ein solches zu schaffen, und zwar aus der Idee der Unverletzlichkeit des menschlichen Lebens, nicht aus dem Gedanken des schuldrechtlichen Schadensersatzes auf Grund unerlaubter Handlungen.

Im Zusammenhang mit der Erörterung von „Anfang und Ende der Rechtsfähigkeit des Menschen" (Wolf-Naujoks, 1955, S. 83 ff.) ist der Begriff des Lebens und des Todes personenrechtlich erörtert worden. Im Mittelpunkt steht der werdende Mensch. Im Rahmen der Lehre von dem nasciturus tritt bereits „die menschliche Gestalt" in Erscheinung. Der Mensch und das Leben werden als natürliche Begriffe dergestalt verwendet, daß das Leben des Menschen bereits mit der Zeugung beginnt (a.a.O., S. 143). Am Ende der Untersuchung wird das Ergebnis gewonnen, daß die Rechtsfähigkeit des Menschen mit der Zeugung beginnt, so daß der nasciturus bereits rechtsfähig ist. Vom geltenden Recht her gesehen, kann nach dieser Meinung § 1 BGB nicht mehr als in Geltung angesehen werden. Das Resultat ist jedoch nicht gebilligt worden.

Die Lehre von der Rechtsfähigkeit hat es mit sich gebracht, daß schlechthin vom Leben und Tod gesprochen wird, ohne daß der Zeitraum, der die Spanne des Lebens umschließt, begrifflich ausgefüllt wird. Gemeint sind die Daseinsabschnitte, die unter dem Phänomen Lebensalter figurieren. Die einzelnen Lebensstufen werden nicht nach natürlichen Zusammenhängen aufgegliedert. Die Altersstufen der Zivilgesetzbücher bestimmen sich lediglich nach Fähigkeiten (Geschäftsunfähigkeit, beschränkte Geschäftsfähigkeit, Geschäftsfähigkeit). Der mit der Volljährigkeit erreichte Rechtszustand reicht bis zum Tode, weil in der Zwischenzeit keine rechtliche Änderung des erlangten „Status" mehr eintritt. Das Alter, gemeint ist die Lebensphase des alternden Menschen, erfährt infolgedessen keine angepaßte privatrechtliche Deckung.

Der Versuch, im Rahmen des Personenrechts eine allgemeine Lehre vom Leben des Menschen aufzubauen, erfährt eine Unterstützung vom Familienrecht, worin bestimmt ist, daß die Ehegatten zu ehelicher Lebensgemeinschaft verpflichtet sind (§ 1353 BGB, § 90 ABGB). Nach der letztgenannten Vorschrift haben die Ehegatten die Lebensgemeinschaft, die Haushaltsführung und die Erwerbstätigkeit im Einverständnis zu gestalten, und zwar nach dem Gebot gegenseitiger Rücksichtnahme. Zur Deckung der ihren Lebensverhältnissen angemessenen Bedürfnisse haben die Ehegatten nach ihren Kräften und gemäß der ehelichen Lebensgemeinschaft gemeinsam beizutragen. Bei alledem ist das Wohl der Kinder zu wahren (§ 94 I, 91 ABGB).

Diese Art der Betrachtungsweise ermöglicht es, eine Verbindung zwischen Personenrecht und Familienrecht im Gesamtsystem des bürgerlichen Rechts herzustellen (Zur Dogmatik des Rechts der Ehegatten auf eheliche Lebensgemeinschaft siehe Gernhuber, Lehrbuch des Familienrechts, 1964, S. 10 ff., 20 ff., 43 ff., 49 ff.).

7. Der Personenbegriff

a) Die natürliche Person

Zurechnungssubjekt für eine Rechtsfolge ist vor allem der Mensch, den das BGB als natürliche Person betrachtet. Die Verbindung zwischen Mensch und Person stellt der Rechtsbegriff der menschlichen Person her (siehe hierzu Coing, Der Rechtsbegriff der menschlichen Person und die Theorie der Menschenrechte, Beiträge zur Rechtsforschung, Berlin und Tübingen 1959). Das BGB sieht den Menschen, nach einem Ausdruck von Larenz, als die geborene Person an (Allgemeiner Teil des deutschen Bürgerlichen Rechts, 1980, 5. Aufl., s. 29). Die Person wird im Hinblick auf die Personhaftigkeit als ethischer Grundbegriff konzipiert. Die philosophische Fundamentierung geht auf den ethischen Personalismus (Kant) als geistige Grundlage des BGB zurück. Die Vorstellung ist hierbei, daß der ethische Personbegriff in die Sphäre des Privatrechts übertragen wird (Larenz, a.a.O., S. 31). Als wesentliche Eigenschaft der Person wird ihre Rechtsfähigkeit angesehen. Hierunter wird die Fähigkeit verstanden, Subjekt von Rechten zu sein, die die Person immer nur in ihren Beziehungen zu anderen Personen hat. Auf diese Weise entwickelt Larenz die Theorie eines Rechtskreises, in dessen Mittelpunkt sie steht. Die übliche Definition der Rechtsfähigkeit ist unlängst dahin abgewandelt worden, daß das Subjekt fähig ist, in zurechenbarer Weise im Rechtsverkehr handeln zu können. Die Relativierung stellt auf das juristische Verhaltensvermögen ab. Infolgedessen kommt im einzelnen Falle die Rechsfähigkeit nicht mehr einschränkungslos jedem Rechtssubjekt zu. Die Konstruktion führt im Ergebnis zur Gleichsetzung der Rechtsfähigkeit mit der Handlungsfähigkeit (Gitter, Münch. Komm., § 1 Rdn. 6, 11). Dies stößt auf Schwierigkeiten sowohl in der Dogmatik der Geschäftsfähigkeit als auch in der Lehre von der juristischen Person. Der Begriff Rechtssubjekt, mit dem die Person oft auf eine Stufe gestellt wird, ist vom System der subjektiven Rechte vorgegeben. Diese werden „dem Rechtsträger" nach den in Betracht kommenden Rechtsregeln in concreto zugeordnet, und zwar unter der Voraussetzung, daß er fähig ist, Träger von Rechten und Pflichten zu sein.

Im Sprachgebrauch des Gesetzes kommt der Begriff „Rechtssubjekt" nicht vor, sondern nur die Rechtsfähigkeit, worunter die Eigenschaft einer Person verstanden wird, Träger von Rechten und Pflichten zu sein. In der allgemeinen Terminologie werden rechtsfähige Subjekte und Rechtspersonen gleichgesetzt. Die Unterscheidungen zwischen natürlichen und juristischen Personen werden im Gesetz dahin abgewandelt, daß die Rechtsfähigkeit des Menschen, im Hinblick auf ihren Beginn, besonders behandelt wird. Dagegen wird die Identität zwischen der Rechtsperson und dem rechtsfähigen Subjekt besonders bei den sogenannten juristischen Personen (siehe E. Bucher, Schweizerisches Zivilgesetzbuch, Das Personenrecht, 2. Abteilung Die natürlichen Personen, Erster Teilband, Art. 11 Rdn. 24) betont. Es wird hervorgehoben, daß diejenigen Gebilde, „die nicht Menschen sind und nach allgemeinem Sprachgebrauch nicht als Person bezeichnet würden", mit Rücksicht auf ihre Rechtsfähigkeit Personen genannt werden. In diesem Zusammenhange wird die Rechtsfähigkeit „als Zurechenbarkeit von Rechten und Pflichten" angesehen. Gegenübergestellt wird die Handlungsfähigkeit als „Zurechenbarkeit von rechtserheblichen Verhaltensweisen" (Bucher, a.a.O., Rdn. 30).

Besonders erörtert wird die Rechtsfähigkeit handlungsunfähiger Personen, und zwar unter Hinweis auf die ältere Literatur (Bierling, Hölder, Burckhard und Kelsen). Von dem vorgetragenen Standpunkt aus sind auch die handlungsunfähigen Personen rechtsfähig, woraus sich der fiktive Charakter der Rechtsfähigkeit ergibt. Mit dieser Gruppe der handlungsunfähigen Personen lassen sich jedoch nicht die juristischen Personen in einem Zuge nennen, da ihre Rechtsfähigkeit auf einer besonderen Normierung beruht. Mitunter gewinnt es den Anschein, als ob die Rechtsperson schlechthin mit der Rechtsfähigkeit identifiziert werden soll (so äußert sich Wiethölter, Rechtswissenschaft, 1968, S. 190). Eine derartige Unterstellung würde allerdings bedeuten, daß die Person als Rechtsbegriff überflüssig werden würde. Die Annahme geht aber fehl. Die Lösung liegt im Begriff Rechtssubjekt, das sich unmittelbar vom objektiven Recht ableitet und deshalb als ein Oberbegriff in der allgemeinen Rechtslehre figuriert. Dieses Phänomen bedarf einer systematischen Gliederung nach subjektiven Rechten, die den Rechtsträgern als Personen zustehen. Die Systematik der Rechtsträger ist daher der theoretische Ansatz für die Rechtsperson, die in gleicher Weise natürliche und juristische Personen umfaßt. Die Gesamthandsperson wird eingeordnet. Die Rechtsfähigkeit ist ein verbindendes Glied, das sich nach der Seite der beiden Personengruppen verschiedenartig entwickelt hat. Die Unterschiedlichkeit besteht darin, daß die Rechtsfähigkeit des Menschen in einem natürlichen Sinne verstanden wird, weil sie auf eine natürliche Weise entsteht. Demgegenüber ist die Rechtsfähigkeit der juristischen Personen aus ihrer rechtlichen Anerkennung und Eingliederung in einem Verfahren zu verstehen (Eintragungs- oder Konzessionsverfahren).

In der Lehre von den natürlichen und den juristischen Personen als Rechtssubjekte wird mitunter der Standpunkt eingenommen, daß der Mensch vom Ursprung her gesehen das einzige Rechtssubjekt ist, das sich allerdings einerseits in der Form der Individualität andererseits in der Form einer Kollektivität darstellt. Eine ähnliche Anschauung wurde bereits zur Zeit Savignys vertreten. Aber sie trifft insofern nicht ganz das Richtige, als sich die juristische Person nicht allein von den personalen Zusammenhängen erklären läßt, sondern auch von der Vermögens- und Haftungsseite erläutert werden muß. (Zu der angedeuteten Lehre siehe oben Ionescu, La notion de droit subjectif dans le droit privé, Brüssel 1978, S. 185).

b) Die juristische Person

aa) Die juristische Person und das verdeckte Phänomen

Die Darstellung der juristischen Person im Schrifttum besteht aus einem allgemeinen Teil, der ihre Arten sowie ihre Rechts- und Handlungsfähigkeit behandelt, ferner aus einem besonderen Teil, der die Vereine und Stiftungen erläutert. Einen breiten Raum nehmen herkömmlich die Theorien des Phänomens ein, die allmählich zurücktreten. Einige Probleme allgemeiner Natur, wie der Haftungsdurchgriff und die Einmanngesellschaft, pflegen vorweggenommen zu werden. Naturgemäß ist der allgemeine Teil in hohem Maße abstrakt, weil er der stofflichen Ausfüllung entbehrt. Dies liegt auch daran, daß die juristische Person bereits theoretisch dargelegt wird, bevor ihre Anwendungsfälle, nämlich die Vereine und Stiftungen, ins Feld geführt werden. Das Schrifttum legt die Rechtsfähigkeit der juristischen Person und ihre Handlungsfähigkeit dar, noch bevor auf die Vereine und Stiftungen eingegangen wird. Dies ist irreführend, weil es auf diese Weise zu einer zweimaligen Behandlung ein und desselben Institutes kommt. Beim Vergleich der Rechtsfähigkeit der natürlichen und juristischen Personen zeigt sich, daß z. B. die Grundrechtsfähigkeit nicht mehr auf die juristische Person, sondern auf die dahinter stehenden Personenvereinigungen bezogen ist (Reuter, Münch. Komm., Vor § 21 Rdn. 13 ff.). In ähnlicher Weise gilt dies für den Persönlichkeitsschutz. „Nicht die juristische Person, sondern der Verband verfügt über soziales Ansehen, das durch Meinungsäußerungen und sonstige Aktivitäten beeinträchtigt werden kann" (Reuter, a.a.O., Rnd. 15).

bb) Rechtsfähige und nicht rechtsfähige Vereine

Die Systematisierung vollzieht sich sogar in grundsätzlicher Hinsicht nach dem Gesichtspunkt der Rechtsfähigkeit, denn die Vereine werden in rechtsfähige

7. Der Personenbegriff

und nicht rechtsfähige Vereine eingeteilt. Hiermit überschneidet sich die Trennung der eingetragenen Vereine (§ 55 ff. BGB) und der nicht eingetragenen Vereine. Das BGB unterscheidet nach dem Zwecke zwischen den nicht wirtschaftlichen und den wirtschaftlichen Vereinen (§ 21, 22 BGB). Ein Verein der nichtwirtschaftliche (ideelle) Ziele ausschließt, ist nicht eintragungsfähig. Bei der Differenzierung stellt das Gesetz auf einen wirtschaftlichen Geschäftsbetrieb ab. Die sog. ideellen Vereine werden nur negativ bestimmt, nämlich dadurch, daß sie nicht auf einen derartigen Geschäftsbetrieb ausgerichtet sind (§ 21 BGB). Hiervon abgesehen wirkt eine derartige Stellung in der Welt personenrechtlicher Einrichtungen fremdartig, zumal der Begriff wirtschaftlicher Geschäftsbetrieb auf handelsrechtliche Unternehmen hinweist, von denen aber die wirtschaftlichen Vereine abzugrenzen sind. Zu ihnen gehören nicht diejenigen, die zwar die Mitglieder fördern, dafür aber keinen Geschäftsbetrieb oder ähnliche Einrichtungen unterhalten (Wiedemann, a.a.O., S. 100). Mit Rücksicht darauf, daß die Rechtsfähigkeit der wirtschaftlichen Vereine – daß Gesetz sieht hierfür staatliche Verleihung vor – in der Mehrheit der Fälle nicht erworben wird, überwiegen zahlenmäßig die nicht rechtsfähigen Wirtschaftsvereine. Die Unübersichtlichkeit des Systems erhöht sich noch dadurch, daß auf Vereine, die nicht rechtsfähig sind, die Vorschriften über die Gesellschaft Anwendung finden (§ 54 BGB), von der sie sich allerdings durch eine körperschaftliche Organisation unterscheiden. Insbesondere ist der nicht rechtsfähige Verein auf einen wechselnden Mitgliederbestand angelegt. Das ursprüngliche Ziel des Gesetzgebers war darauf gerichtet, durch die Anwendung der gesellschaftsrechtlichen Bestimmungen zu erreichen, daß gewisse Gruppen von Vereinen, namentlich solcher politischer Art, zur Eintragung veranlaßt werden sollten. Hierdurch hätte eine Vereinskontrolle gemäß § 16 II BGB erreicht werden können. Nachdem inzwischen diese Vorschrift aufgehoben ist, hat sich aus verfassungskonformer Auslegung die Konsequenz ergeben, daß auf den nicht rechtsfähigen Verein Vereinsrecht anzuwenden ist. Ausgenommen sind die Vorschriften, die die Rechtsfähigkeit voraussetzen (Palandt-Heinrichs, § 54, 1; BGH 50, 328).

In Ansehung der Haftung für Verbindlichkeiten des nicht rechtsfähigen Vereins ist aus § 427 BGB die Haftung der Mitglieder hergeleitet worden. Diese ist jedoch darauf beschränkt, daß die Mitglieder nur hinsichtlich ihres Anteils am Vermögen des Vereins verpflichtet werden können. Wenn sich dies nicht aus der Satzung ergibt, so wird eine entsprechende Auslegung aus der Verkehrssitte hergeleitet (BGH NJW 79, 2304, 2306). Für deliktische Verbindlichkeiten haften die Mitglieder nicht persönlich, sondern nur das Vermögen des Vereins, das insoweit als Gesamthandsvermögen angesehen wird. Um in dieser Hinsicht die Fiktion zu vermeiden, geht man von einer gewohnheitsrechtlichen Beschränkung aus (Hübner, Allgemeiner Teil, S. 141). Die h. M. nimmt an, daß das Vorgetragene bei wirtschaftlichen Vereinen nicht gilt, da die Vereinigung der Mitglieder der offenen Handelsgesellschaft nahekommt. Hieraus ist hergeleitet worden, daß für die Verbindlichkeiten des nicht rechtsfähigen wirtschaftlichen Vereins neben dem Verein die Mitglieder unbeschränkt haften, wenn der wirtschaftliche Betrieb dem eines Grundhandelsgewerbes nahekommt (Reuter, Münch. Komm., § 54, Anm. 22; Zu den Grundtypen der Vereinsform siehe K. Schmidt, Der bürgerlichrechtliche Verein mit wirtschaftlicher Tätigkeit, AcP 182, S. 1 ff.).

Schließlich bestehen noch Unklarheiten hinsichtlich der Haftung des Handelnden gemäß § 54 S. 2 BGB. Es dreht sich hierbei um den Abschluß eines Rechtsgeschäftes, das im Namen eines nicht rechtsfähigen Vereins vorgenommen wird. Handelnder ist jeder, der sich aktiv einschaltet, vorausgesetzt, daß er nach außen für den Verein auftritt, auch wenn er nicht Mitglied oder vertretungsberechtigt ist (zum Charakter der Sonderregelung siehe Soergel-Schultze-v. Lasaulx, § 54 Rdn. 42; zum Ausschluß dieser Haftung durch besondere Vereinbarung siehe Hübner, S. 142, BGH LM Nr. 11 zu § 31).

In diesem Zusammenhang wird zu der Autonomie und zum Selbstbestimmungsrecht der juristischen Person im Falle einer Unterordnung unter das Interesse einer anderen Person Stellung genommen. Die Tendenz geht dahin, die Grenzen der Selbständigkeit im Gegensatz zur natürlichen Person aufzuzeigen, besonders unter dem Gesichtspunkt, daß die juristische Person zum Gegenstand fremder Interessenverfolgung gemacht wird (zur sog. Mißbrauchstheorie und den Durchgriffsproblemen siehe die bei Reuter zit. Abh. von Serick, Müller-Freienfels, Rehbinder, – FS Fischer 1979; Wiedemann, a.a.O., S. 217 ff.).

In vorliegendem Zusammenhang handelt es sich noch nicht um den Durchgriff von dem Vermögen der juristischen Person auf das ihrer Mitglieder, auch nicht um die Grenzen solcher Verknüpfungen, sondern nur um die Eigenart der Rechtsfähigkeit, mit der im Prinzip die sog. Autonomie begrifflich nicht verbunden ist. Das viel erörterte Selbstbestimmungsrecht liegt auch im Wesen der natürlichen Person, weshalb ein Vergleich aus diesem Gesichtspunkt nicht weiterführt. So erklären sich die Bestrebungen, die in Rede stehende Gleichstellung einzuschränken, indem Rechtsmacht und Zweckverfolgung aufeinander bezogen werden. Der Ausgangspunkt ist die „Verleihung der Rechtspersönlichkeit an ein Sondervermögen", das als abgegrenzt gedacht wird und keine Personqualität voraussetzt (so Wiedemann, Gesellschaftsrecht I, 1980, S. 208). Im Hinblick auf die fehlende Personqualität ergeben sich Beschränkungen, die es nach dieser Auffassung ermöglichen, die Rechtsfähigkeit, durch die erwähnte Abstimmung von Recht und Zweck, zu begrenzen (a.a.O., S. 209). Dabei wird ohne weiteres unterstellt, daß sich die juristische Person auf organisatorischem Wege einem fremden Willen unterwerfen kann. Als Beispiel gilt der Beherrschungsvertrag. Die gesamte Problematik, auf die hier nicht näher eingegangen werden kann, hat im Grunde genommen mit der Beschränkung der Rechtsfähigkeit im Sinne ihrer Abstimmung auf die Zweckverfolgung nichts zu tun, weil es sich letzten Endes um die Mehrheitsverhältnisse und um die Geschäftsführung im Sinne grundlegender Organisationsanliegen handelt.

Der Charakter der juristischen Person und die Qualifizierung ihrer Rechtsfähigkeit steht dabei im Grunde genommen außer Streit, weil es um den Normenbereich der betreffenden Vereins- oder Gesellschaftsformen geht. Der

Einzelfall ist durch Anwendung der Rechtsnormen der betreffenden Vereinigungsform zu lösen, denn die juristische Person als solche betrachtet ist nur ein abstraktes Phänomen, das der Rechtssubjektivierung dient. Die sich hieran anknüpfenden Rechtsfragen erstrecken sich auf die Zuordnung im Sinne von Rechtszuständigkeit, nicht auf die Sachgebiete selbst, die von den Normen des Personen- oder Gesellschaftsrechts geregelt werden.

Das System der juristischen Personen läßt sich nur durch grobe Einteilungen etwa in der Weise bilden, daß öffentlichrechtliche oder privatrechtliche Gruppen innerhalb der gesamten Rechtsordnung zusammengestellt werden. Sachlichinhaltliche Gliederungen sind jedoch dafür erforderlich, daß die juristischen Personen überhaupt eine Realität im Rechtsleben erlangen. Auf diesem Wege lassen sie sich auch untereinander in eine überschaubare Beziehung setzen, wodurch Ansätze einer Gesamtordnung entstehen. In dieser Hinsicht bietet das Vereinsrecht eine brauchbare Handhabe, weil es, von der zivilrechtlichen Regelung abgesehen, Grundlage des Rechts der Kapitalgesellschaften geworden ist.

cc) Rechtsfähigkeit der Stiftung

Was die Rechtseinrichtung der Stiftung betrifft, so setzt sich in ihrer Regelung die tragende Bedeutung der Rechtsfähigkeit fort. Das Stiftungsgeschäft allein betrachtet läßt nämlich die Stiftung noch nicht als juristische Person entstehen, vielmehr hängt die Rechtsfähigkeit nach gesetzlicher Vorschrift von der staatlichen Genehmigung ab (§ 80 BGB). Diese ist selbstverständlich keine privatrechtliche Willenserklärung, sondern ein Akt der zuständigen Verwaltungsbehörde. Die Genehmigung löst die Verpflichtung des Stifters aus, das in dem Stiftungsgeschäft zugesicherte Vermögen auf die Stiftung zu übertragen (§ 82 BGB). Letzten Endes ist Gegenstand der Genehmigung die Errichtung der Stiftung als Rechtsperson. Allerdings betrifft die Genehmigung auch die im Stiftungsgeschäft niedergelegte Satzung. Wenn die Genehmigung verweigert wird, entsteht nicht etwa eine nicht rechtsfähige Stiftung nach dem Vorbild des nicht rechtsfähigen Vereins.

Eine weitverbreitete Ersatzform ist die unselbständige Stiftung als ein Gegenstück zur selbständigen. Als Rechtsträger wird derjenige angesehen, der nach dem Willen des Stifters den Zweck zu erfüllen hat, vielfach ein „Treuhänder", der die mit der Stiftung verknüpften Rechte und Pflichten treuhänderisch wahrzunehmen hat. Die Errichtung einer unselbständigen Stiftung vollzieht sich allein auf der rechtsgeschäftlichen Grundlage, ohne den üblichen Verwaltungsakt, durch den die Rechtsfähigkeit verliehen wird (M. Gutzwiller, Das Recht der Verbandsperson, in: Schweizerisches Privatrecht, Bd. II, Basel 1967, S. 612; H. M. Riemer, Die Stiftungen, Berner Kommentar, Bd. V-3, Bern 1975, Systematischer Teil, Rdn. 435; Ebersbach, H. J., Handbuch des deutschen Stiftungsrechts, IV. Abschnitt Mustersatzungen 1972; Eichler, Die Verfassung der Körperschaft und Stiftung, Berlin 1986, S. 90).

Im Gegensatz zu den Stiftungen, mit juristischer Persönlichkeit, ist das Sammelvermögen nicht rechtsfähig (§ 1914 BGB). Ein solches für einen vorübergehenden Zweck zusammengebrachtes Vermögen wird aber als stiftungsähnliches Gebilde aufgefaßt. Verfügungsberechtigt sind in der Regel die Veranstalter der Sammlung (BGH - MdR 73, 742).

Dritter Hauptteil
Altersstufen und Verantwortlichkeit

1. Altersstufen

a) Systematik der Geschäftsfähigkeit

Zwischen der Stufe der altersbedingten Geschäftsunfähigkeit und der Volljährigkeit, die gem. § 2 BGB mit der Vollendung des 18. Lebensjahres eintritt, liegt der Zeitabschnitt der beschränkten Geschäftsfähigkeit Minderjähriger (§§ 106, 107–113). Diese beginnt mit der Vollendung des 7. Lebensjahres. Die Beschränkung liegt darin, daß der Minderjährige der Einwilligung bzw. der Genehmigung (je nach Charakter des Geschäftes) des gesetzlichen Vertreters bedarf (vgl. § 107 mit § 108 BGB). Ein einseitiges Rechtsgeschäft, das er ohne Einwilligung vornimmt, ist unwirksam (siehe § 111 BGB) es sei denn, daß es rechtlich lediglich vorteilhaft ist (§ 107 BGB). Erleichterungen bestehen bei Ermächtigungen des gesetzlichen Vertreters gem. §§ 112, 113. Ein Sondertatbestand erklärt den Vertrag als von Anfang an wirksam, wenn der Minderjährige die vertragsmäßige Leistung mit Mitteln bewirkt, die ihm zu diesem Zwecke oder zu freier Verfügung überlassen sind (§ 110 BGB).

In das System der Geschäftsfähigkeit ragt die Entmündigung hinein, denn geschäftsunfähig ist, wer gegen Geisteskrankheit entmündigt ist (§ 104 Ziffer 3 BGB). Die Entmündigung führt in jedem Falle zur Geschäftsunfähigkeit, d.h. sie ist unabhängig vom tatsächlichen Geisteszustand. Die Geschäftsunfähigkeit besteht auch während lichter Augenblicke. Hiervon ist zu unterscheiden die Geschäftsunfähigkeit wegen krankhafter Störung der Geistestätigkeit, sofern sie nicht vorübergehender Natur ist (§ 104 Ziffer 2 BGB). Dieser Zustand kann sich auf einen abgegrenzten Kreis von Angelegenheiten beschränken (partielle Geschäftsunfähigkeit).

Eine andere Gruppe von entmündigten Personen wird vom Gesetz als beschränkt geschäftsfähig behandelt, d.h. in der Sprache des Gesetzes, in Ansehung der Geschäftsfähigkeit einem Minderjährigen gleichgestellt, der das 7. Lebensjahr vollendet hat (§ 114 BGB). Erfaßt werden hiervon diejenigen, die wegen Geistesschwäche, Verschwendung, Trunksucht oder Rauschgiftsucht entmündigt sind. Zu der Kategorie werden auch diejenigen gerechnet, die gemäß § 1906 unter vorläufige Vormundschaft gestellt sind. Ohne Belang ist, ob die Entmündigung oder Anordnung der Pflegschaft zu Recht bestehen. Die Gleichstellung der genannten Personengruppen mit den Geschäftsunfähigen oder in der Geschäftsfähigkeit Beschränkten wirkt formal. Die Systematik überschneidet sich.

Unlängst hat die österreichische Gesetzgebung die Gleichsetzung des Entmündigten mit den Kindern unter sieben Jahren oder den in der Geschäftsfähigkeit Beschränkten durch das BG vom 2.II.1983 BGBL Nr. 136 aufgehoben und die Sachwalterschaft für behinderte Personen eingeführt. Das Gesetz ist u. a. darauf gerichtet, die diskriminierende Wirkung der Entmündigung zu beseitigen. Es geht nicht nur darum, die Ausdrücke Entmündigung und Entmündigter sowie Kuratel zu vermeiden, sondern auch die Begriffe Geisteskrankheit und Geistesschwäche, die nicht mehr der heutigen medizinischen Terminologie gerecht werden, zu beseitigen. Abgesehen von Erwägungen allgemeiner Art geht es darum, eine sachgemäße Fürsorge, die den Bedürfnissen des Kranken oder Behinderten im Einzelfall entspricht, herbeizuführen. Je nach Ausmaß der Behinderung sowie Art und Umfang der zu besorgenden Angelegenheiten ist der Sachwalter vom Gericht zu betrauen (§ 273 ABGB NF.). Die Betreuung geht nur so weit, als sie dem Wohl des Sorgebedürftigen dient. Die Beschränkung der Geschäftsfähigkeit richtet sich nach § 273 ABGB. Der Begriff der betroffenen Person umfaßt sowohl solche, die geistig behindert sind, als auch solche, die „an einer psychischen Krankheit leiden" (Rummel, ABGB, 1. Band, S. XXVIII).

Hinzuzufügen ist noch, daß das genannte Gesetz die Verschwendung nicht als Grund für die Bestellung eines Sachwalters vorsieht, weil sie sich nicht mit dem erwähnten Erkrankungen auf eine Stufe stellen läßt, es sei denn, daß sie Ausdruck einer psychischen Krankheit oder einer geistigen Behinderung im Sinne des Gesetzes ist (Ent-Hopf, Das Sachwalterrecht 1983, S. 39). Das gleiche gilt für Mißbrauch von Alkohol oder Nervengift (Ent-Hopf, a.a.O., S. 40). Das Gesetz regelt besonders das Verfügungsrecht der behinderten Personen innerhalb des Wirkungskreises des Sachwalters. Bei der Auswahl des Sachwalters für eine behinderte Person ist auf deren persönliche Bedürfnisse zu achten.

b) Gruppierungen

Der Anwendungszeitraum, auf den sich die beschränkte Geschäftsfähigkeit bezieht, umfaßt verschiedene menschliche Entwicklungsphasen, namentlich den Übergang vom Kleinkind zum Schulkind und von ihm zu dem in der Ausbildung bzw. Vorbildung zu einem Beruf Befindlichen.

Nach österreichischem Recht schließt sich der Phase der Kindheit der Zwischenraum der unmündigen Minderjährigen an, nämlich Personen zwischen 7 und 14 Jahren (§§ 865, 1421 ABGB). Dieser Gruppe folgt die der mündigen Minderjährigen. Derartige Einteilungen lassen die Tendenz erkennen, die Minderjährigen aus ihrer Lebensentwicklung und den hieraus hervorgehenden Gruppierungen zu begreifen. Zuerst sind es die Bagatellgeschäfte des täglichen Lebens, die entweder von vornherein wegen ihrer Geringfügigkeit als genehmigt gelten können oder durch Zuweisung von Taschengeld oder besonderer zweck-

1. Altersstufen

gebundener Mittel bereits als endgültig erledigt behandelt werden können. Solche und ähnliche Sachverhalte fallen mehr in den frühen Entwicklungsabschnitt der Jugendlichen. Gleichsam in der Mitte liegen Geschäfte, die in die Schulzeit fallen. Einen gewissen Spielraum könnten die hiermit zusammenhängenden Ausgaben für Anschaffungen auf schulischem Gebiet sowie zu Spiel- und Unterhaltungszwecken im gemäßigten Umfange abdecken, die auf überlassenen Mitteln beruhen. Der dritte Abschnitt umschließt Ausgaben für die Ausbildung und Fortbildung auf beruflichem Gebiet sowie die beginnende Berufsausbildung selbst. Es sind die Fälle der erreichten Geschäftsfähigkeit der Heranwachsenden, die sich auf den Abschluß von Arbeitsverträgen (nicht Lehrverträgen) und den „selbständigen Betrieb eines Erwerbsgeschäftes" gründen (§§ 112, 113 BGB). Hier wird freilich vorausgesetzt, daß der gesetzliche Vertreter den Minderjährigen ermächtigt hat, entweder in Dienst oder Arbeit zu treten oder selbständig ein Erwerbsgeschäft zu betreiben § 112, 113 BGB).

Unter solchen und ähnlichen Umständen ist entweder von einer Ermächtigung oder einem erfahrungsmäßig zu unterstellenden Konsens auszugehen, wobei in jedem Falle der Reifegrad des Betreffenden und seine Lebensumstände zu berücksichtigen sind.

Die Unterscheidung zwischen mündigen und „unmündigen" Minderjährigen kompliziert die Systematik.

Eher ist in diesem Zusammenhang die Differenzierung nach den Gepflogenheiten der Jugendlichen und Heranwachsenden von Fall zu Fall brauchbar, weil sie geeignet ist, Folgerungen auf die Motivation und Zielsetzung der einzelnen vertraglichen Gebarung zuzulassen. Hierbei spielen das übliche tägliche Verhalten in dem betreffenden Lebensabschnitt und Aufgabenbereich sowie unter Umständen das persönliche Engagement eine Rolle. Vom Ergebnis her gesehen kommt es darauf an, den Mißbrauch der sog. beschränkten Geschäftsfähigkeit zu verhüten und Exzesse zu verhindern.

Auf der anderen Seite gewinnt der Vorstellungskreis einer erweiterten Geschäftsfähigkeit an Boden, namentlich unter dem Gesichtspunkt, daß sich eine große Anzahl der Aufwendungen der Jugendlichen im Vertragswege als geringfügig darstellt. Erforderlich ist demnach, die Art und Weise solcher geschäftlichen Gebarungen zu objektivieren, und zwar von der Seite der im Verkehr üblichen Beurteilungen der Zwecke derartiger Ausgaben, Aufwendungen usw. Eine solche Methode spricht gegen den Gedanken einer „Beschränkung der Geschäftsfähigkeit" des Minderjährigen, die sich, sprachlich gesehen, gegen das Rechtssubjekt wendet. Es geht jedoch nicht um die persönliche Fähigkeit im geschäftlichen Verkehr, sondern um die „Eignung" des konkreten Vertrages im Rahmen gleichlaufender Betätigungen. Es empfiehlt sich daher der Ausdruck „Vertragseignung". Diese bezieht sich mehr auf den objektiven Tatbestand des Lebensvorganges als die Einschränkung der Geschäftsfähigkeit.

Die im Vorstehenden geäußerte Rechtsmeinung gründet sich u. a. auf § 151 (3) ABGB: „Schließt ein minderjähriges eheliches Kind ein Rechtsgeschäft, das von

Minderjährigen seines Alters üblicherweise geschlossen wird und eine geringfügige Angelegenheit des täglichen Lebens betrifft, so wird dieses Rechtsgeschäft, (auch wenn die Voraussetzungen des Abs. 2 nicht vorliegen) mit der Erfüllung der das Kind treffenden Pflichten rückwirkend rechtswirksam" sowie auf § 152 ABGB: „Soweit nicht anderes bestimmt ist, kann sich ein mündiges minderjähriges eheliches Kind selbständig durch Vertrag zu Dienstleistungen verpflichten, ausgenommen zu Dienstleistungen auf Grund eines Lehr- oder sonstigen Ausbildungsvertrags. Der gesetzliche Vertreter des Kindes kann das durch den Vertrag begründete Rechtsverhältnis aus wichtigen Gründen vorzeitig lösen." Aus dem Schrifttum siehe Pichler bei Rummel, a.a.O., § 151 Rdn. 10: „Die Wendung vom Rechtsgeschäft, das von Mj seines (des Kindes) Alters üblicherweise geschlossen wird, verweist auf objektive, auch für den Vertragspartner erkennbare Maßstäbe, auf die allg. Übung im Zusammenhang mit dem Alter – daher mit wachsendem Alter wachsender Umfang der Geschäfte, RV 16 mit Beispielen, nicht aber auf die persönlichen, wirtschaftlichen finanziellen Verhältnisse des einzelnen Kindes.

Auch der Kreis der „geringfügigen Angelegenheiten des täglichen Lebens" ist objektiv zu ziehen, so daß der Abschluß auch für die in bescheidenen wirtschaftlichen Verhältnissen lebende Mj keine ungebührlichen Belastung mit sich bringt, RV 15."

c) Sachwaltergesetz

Das im Mittelpunkt dieses Abschnittes stehende fortschrittliche Sachwaltergesetz wird in folgendem auszugsweise zitiert:

§ 273 ABGB: Vermag eine Person, die an einer psychischen Krankheit leidet oder geistig behindert ist, alle oder einzelne ihrer Angelegenheiten nicht ohne Gefahr eines Nachteils für sich selbst zu besorgen, so ist ihr auf ihren Antrag oder von Amts wegen dazu ein Sachwalter zu bestellen.

Die Bestellung eines Sachwalters ist unzulässig, wenn der Betreffende durch andere Hilfe, besonders im Rahmen seiner Familie oder von Einrichtungen der öffentlichen oder privaten Behindertenhilfe, in die Lage versetzt werden kann, seine Angelegenheiten im erforderlichen Ausmaß zu besorgen. Ein Sachwalter darf nicht nur deshalb bestellt werden, um einen Dritten vor der Verfolgung eines, wenn auch bloß vermeintlichen Anspruchs, zu schützen.

Je nach Ausmaß der Behinderung sowie Art und Umfang der zu besorgenden Angelegenheiten ist der Sachwalter zu betrauen:

1. mit der Besorgung einzelner Angelegenheiten, etwa der Durchsetzung oder der Abwehr eines Anspruches oder der Eingehung und der Abwicklung eines Rechtsgeschäfts,

2. mit der Besorgung eines bestimmten Kreises von Angelegenheiten, etwa der Verwaltung eines Teiles oder des gesamten Vermögens, oder

I. Altersstufen 45

3. mit der Besorgung aller Angelegenheiten der behinderten Person.

§ 273 a. ABGB: Die behinderte Person kann innerhalb des Wirkungskreises des Sachwalters ohne dessen ausdrückliche oder stillschweigende Einwilligung rechtsgeschäftlich weder verfügen noch sich verpflichten. Sofern dadurch nicht das Wohl der behinderten Person gefährdet wird, kann das Gericht bestimmen, daß die behinderte Person innerhalb des Wirkungskreises des Sachwalters hinsichtlich bestimmter Sachen oder ihres Einkommens oder eines bestimmten Teiles davon frei verfügen und sich verpflichten kann.

Schließt die behinderte Person im Rahmen des Wirkungskreises des Sachwalters ein Rechtsgeschäft, das eine geringfügige Angelegenheit des täglichen Lebens betrifft, so wird dieses Rechtsgeschäft, auch wenn die Voraussetzungen des Abs. 1 zweiter Satz nicht vorliegen, mit der Erfüllung der die behinderte Person treffenden Pflichten rückwirkend rechtswirksam.

Die behinderte Person hat das Recht, von beabsichtigten wichtigen Maßnahmen in ihre Person oder ihr Vermögen betreffenden Angelegenheiten vom Sachwalter rechtzeitig verständigt zu werden und sich hierzu, wie auch zu anderen Maßnahmen, in angemessener Frist zu äußern; diese Äußerung ist zu berücksichtigen, wenn der darin ausgedrückte Wunsch dem Wohl der behinderten Person nicht weniger entspricht.

d) Geschäftsfähigkeit und Willenserklärung

Die vorstehenden Ausführungen fordern dogmatisch-systematische Darlegungen über die Geschäftsfähigkeit heraus. Sie pflegt meist in dem Abschnitt „Willenserklärung" behandelt zu werden, und zwar zerlegt in den äußeren und inneren Tatbestand. Gemeint sind die Erklärung und der Wille. In späteren Abschnitten werden die Abgabe und der Zugang sowie die Auslegung der Willenserklärung erörtert. Den Hauptabschnitt bilden die Willensmängel. Am Ende steht die Willensbeeinflussung durch arglistige Täuschung und Drohung. Die Geschäftsfähigkeit fügt sich in dieses Gesamtsystem nach der Darstellung des Tatbestandes der Willenserklärung ein (so etwa H. Hübner, Allgemeiner Teil des BGB, 1985, S. 285 ff.).

Dogmatisch betrachtet ist die Willenserklärung ein persönliches Element, das a priori auf die Willensbildung hinweist, weil der wirkliche Wille zu erforschen ist (§ 133 BGB), überdies Verträge so auszulegen sind, wie Treu und Glauben mit Rücksicht auf die Verkehrssitte es erfordert (§ 157 BGB), eine Regelung, die selbstverständlich die Willenserklärung impliziert. Die Generalklausel zieht eine unsichtbare Verbindung zwischen dem eigenen und dem fremden Willen. Die Interpretation findet auf dem Schnittpunkt der beiden Linien statt, die von dem Vertrauen des einen zu der Treue des anderen läuft (Elster, Handwörterbuch der Rechtswissenschaft VI, 1929, S. 54 ff.). Der Wortsinn deutet auf persönliche Eigenschaften wie Zuverlässigkeit und Aufrichtigkeit hin. Neben diesem subjektiven Vertrauenselement, das auf persönlichen Erwartungen und Erklärungsauffassungen aufbaut, steht als objektives Merkmal die Verkehrssitte als Ergänzungsmoment (Palandt-Heinrichs, § 242 Ziffer 1; Eichler, Die Rechtslehre vom Vertrauen, Privatrechtliche Untersuchung über den Schutz des Vertrauens, 1950, S. 17 ff.).

2. Deliktsrechtliche Verantwortlichkeit

a) Voraussetzungen und Billigkeitshaftung

Nach § 828 I BGB ist derjenige für einen Schaden, den er einem andern zufügt, nicht verantwortlich, wenn er nicht das siebente Lebensjahr vollendet hat. Die Regelung entspricht der für Geschäftsunfähige in § 104 Ziffer 1 BGB getroffenen. Im Gegensatz zu § 104 Ziffer 2 stellt das Deliktsrecht nicht nur auf den Zustand krankhafter Störung der Geistestätigkeit, sondern auch der Bewußtlosigkeit ab und trifft darüber hinaus eine Sonderregelung für den Fall, daß sich der Täter durch geistige Getränke oder ähnliche Mittel in einen vorübergehenden Zustand dieser Art versetzt hat. Er ist nämlich, für einen Schaden, den er unter diesen Umständen widerrechtlich verursacht hat, in gleicher Weise verantwortlich, wie wenn ihm Fahrlässigkeit zur Last fiele. Allerdings tritt die Verantwortlichkeit nicht ein, wenn er ohne Verschulden in diesen Zustand geraten ist (§ 827 S. 2 BGB). Was den Einfluß der geistigen Entwicklung betrifft, so ist derjenige, der das siebente, aber nicht das achtzehnte Lebensjahr vollendet hat, für einen Schaden, den er einem anderen zufügt, nicht verantwortlich, wenn er die zur Erkenntnis der Verantwortlichkeit erforderliche Einsicht zur Zeit der Tat nicht gehabt hat. Positiv ausgedrückt, ist der Jugendliche nur zurechnungsfähig, wenn er die gesetzlich erforderliche Einsicht in seine Verantwortlichkeit hat. Es handelt sich um die „Fähigkeit zur Erkenntnis einer Verhaltenspflicht dem Verletzten oder der Allgemeinheit gegenüber" (Palandt-Thomas, § 828 BGB, Anm. 2a). Eine Entsprechung zu § 104 Ziffer 3 BGB, der die Entmündigten betrifft, befindet sich im Deliktsrecht nicht. Von der Zurechnungsfähigkeit ist das Verschulden getrennt zu beurteilen (§ 276 BGB).

Aus Billigkeitsgründen legt das Gesetz eine Haftung auch in dem Falle fest, daß eine Verantwortung des Täters nicht besteht, wenn der Ersatz nicht von einem aufsichtspflichtigen Dritten erlangt werden kann (näheres siehe § 829 BGB). Auf die vertragliche Haftung kann diese Vorschrift nicht ausgedehnt werden.

b) Juristische und medizinische Beurteilung geistiger Erkrankungen

Das Gesetz erläutert Begriffe wie Geisteskrankheit bzw. Geistesschwäche und ihr Verhältnis zur krankhaften Störung der Geistestätigkeit (gem. § 6 Ziffer 1,

2. Deliktsrechtliche Verantwortlichkeit

§ 104 Ziffer 2) nicht. Es wird angenommen, daß die zuletzt genannte Erscheinung die Geisteskrankheit und Geistesschwäche umfaßt (Staudinger-Coing-Habermann, Kommentar zum BGB, § 6 Rdn. 10; Gitter-Münchener Kommentar, § 6, Rdn. 10 ff.; RGRK-Krüger-Nieland, § 6 Anmerkung 16). Die rechtliche Beurteilung läuft auf eine quantitative Analyse hinaus, weil Geisteskrankheit auf Geistesschwäche nicht als verschiedene Arten, sondern nur unterschiedliche Grade einer geistigen Anomalie aufgefaßt werden (OGH-BrZ, MDR 1950, 668). Offen bleibt aber die Grundfrage, welche Merkmale diese Anomalien im technischen Sinne tragen. Insofern können nur die Ergebnisse der psychiatrischen Forschung zu Grunde gelegt werden. Die Folge ist gewesen, daß sich die juristischen Vorstellungen mit den medizinischen Diagnosen nicht decken. Was die krankhafte Störung der Geistestätigkeit angeht, so wird von juristischer Seite für unerheblich erachtet, unter welchen medizinischen Begriff sie fällt.

Von psychiatrischer Seite wird indes darauf hingewiesen, daß „Geisteskrankheit und Geistesschwäche" juristische Begriffe seien, die nicht mit den in der Medizin gebräuchlichen Ausdrücken übereinstimmten, sondern nur „quantitative Abstufungen eines Schutzbedürftigkeit auslösenden geistigen-seelischen Gestörtseins" bezeichneten (Dörner-Plog, Irren ist menschlich, 3. Aufl., Bonn 1986). In diesem Zusammenhange wird betont, daß die Rechtseinrichtung der Entmündigung eine Nähe zur öffentlich-rechtlichen Unterbringung nach den landesrechtlichen Gesetzen aufweise (a.a.O., S. 492).

Im ganzen gesehen bietet sich ein uneinheitliches Bild der beteiligten wissenschaftlichen Disziplinen dar. Anzustreben ist daher, daß beide Materien mehr ineinandergreifen als bisher; so wie sich letzthin die psychiatrische Wissenschaft der Rechtslehre angenommen hat, sollte auch das Umgekehrte geschehen.

Das Postulat setzt allerdings voraus, daß das umfangreiche diagnostische und therapeutische Material der psychiatrischen Wissenschaft, soweit es sich in der Literatur niedergeschlagen hat, der Rechtswissenschaft und Rechtsprechung mehr und mehr in geeigneter Form zugänglich gemacht wird. Der Prozeß kann freilich nur gedeihen, wenn auf der Seite des rechtlichen „Lagers" eine entsprechende Aufnahmebereitschaft besteht. Darüber hinaus sollten letztlich gerichtliche Entscheidungen, die die Geisteskrankheit oder Geistesschwäche eines einzelnen, der hiervon ergriffen ist, betreffen, möglichst nur in Übereinstimmung mit psychiatrischen Erfahrungssätzen und Erfahrungswerten ergehen. Je mehr sich die Standpunkte annähern, umso mehr besteht die Gewähr, daß eine einheitliche Linie im Interesse des Kranken beschritten wird. Die Alternative Geisteskrankheit und -schwäche läßt sich nicht allgemein von den Konsequenzen des Ausschlusses der Geschäftsfähigkeit oder nur ihrer Beschränkung festlegen (abweichend G. Weinriefer, Die Entmündigung usw., 1987, S. 162).

3. Vom Namen zum Personenstand

a) Wohnsitz

Die bisherige Darstellung hat zu erkennen gegeben, daß durch das Personenrecht mehrere Systemlinien laufen: die erste von der natürlichen zur juristischen Person, die zweite von den Altersstufen zur sog. Geschäfts- und Deliktsfähigkeit, die dritte schließlich ging vom Namensrecht aus und führte in zwei Richtungen, nämlich einerseits in den Anwendungsbereich des Persönlichkeitsrechts, andererseits in das Personenstandsrecht, das am Ende der folgenden Darlegungen stehen wird. Es zeigt sich an diesem Aufbau, daß dem Namensrecht eine – oft erörterte – Ausgangsstellung innewohnt (siehe § 12 BGB). Vorgeschaltet sind die Bestimmungen über den Wohnsitz, besonders über die Begründung und Aufhebung. Definitorisch handelt es sich um den räumlichen Mittelpunkt des Daseins einer Person und der Verknüpfung ihrer Angelegenheiten mit einem bestimmten Orte. Im Hinblick darauf, daß die Begründung mehrerer Wohnsitze denkbar ist (§ 7 II BGB), wird heute oft vom Schwerpunkt der Lebensverhältnisse gesprochen. Abzugrenzen ist der Wohnsitz vom Wohnort und Aufenthalt. Problematisch ist die Rechtsnatur der Begründung und Aufhebung des Wohnsitzes (§ 7 I u. III BGB). Der knappe Gesetzestext legt ergänzende Formulierungen nahe.

Wohnsitzrechtliche Zusammenfassung

Der Mensch gründet seinen Wohnsitz an dem Orte, an dem er sich in der Absicht dauernden Verbleibens niederläßt, um den Ort seines Aufenthaltes zum Schwerpunkt seiner Lebensverhältnisse zu machen. Ein vorübergehender Aufenthalt begründet keinen Wohnsitz.

Der nicht voll Geschäftsfähige kann ohne den Willen seines gesetzlichen Vertreters einen Wohnsitz weder bestimmen noch aufheben. Die Erteilung der Zustimmung ist eine Angelegenheit der Personensorge. Der gesetzliche Vertreter kann selbst die Handlung der Niederlassung für den nicht (voll) geschäftsfähigen vornehmen. Die Begründung sowie die Aufhebung sind geschäftsähnliche Handlungen.

Ein Minderjähriger, der verheiratet ist oder war, kann selbständig einen Wohnsitz begründen oder und aufheben (§ 8 II BGB). Ein minderjähriges Kind teilt den Wohnsitz der Eltern. Wenn das Kind nur einen sorgeberechtigten Elternteil hat, teilt es dessen Wohnsitz.

Falls die Eltern zusammenleben, nimmt das Kind ohne weiteres den Wohnsitz der Eltern ein. Bei Trennung der Eltern hat das Kind einen doppelten Wohnsitz. Wenn sich die Eltern darüber verständigen, daß das Kind nur bei einem von ihnen verbleiben soll, hat das Kind nur bei diesem Elternteil seinen Wohnsitz.

Sofern keinem Elternteil das Sorgerecht zusteht, so teilt das Kind den Wohnsitz derjenigen Person, die dieses Recht innehat, nämlich den Wohnsitz des Vormundes oder Pflegers.

b) Namensrecht

Mit dem Namen wird der Mensch nicht nur zur Unterscheidung von anderen gekennzeichnet, sondern es wird auch seine Zugehörigkeit zu einer bestimmten Familie offenbar, und zwar durch den Familiennamen. Schon hierin kündigt sich an, daß die Einrichtung von einer durchgängigen familienrechtlichen Tragweite ist. Darüber hinaus ist zu berücksichtigen, daß der Träger in der Öffentlichkeit „namentlich" in offizieller Weise bekanntgegeben wird. In letzter Zeit tritt der Name besonders als „Identifizierungsmerkmal" auf, indem er die Person *identifiziert,* der er angehört, was im Hinblick auf die vielfach verlorenen Unterlagen notwendig ist.

Mit derartigen Erwägungen nimmt die Charakterisierung des Namensrechts als eines angeborenen, absoluten Rechts und eines besonders ausgeprägten Persönlichkeitsrechts ihren Ausgang. Auf die entsprechende Literatur und Judikatur wird verwiesen, auch insoweit, als es sich um die Einreihung des Namensrechts in die Gruppe der Persönlichkeitsrechte handelt. Vorausgesetzt wrid die Kategorisierung der Namensarten, besonders im Bereich des Familienrechts. Schließlich bleibt der Kontext mit dem Handelsrecht, besonders dem Firmenrecht, außeracht. Was den absoluten Namensschutz angeht, so ist auf die Abgrenzung der Namensleugnung von dem unbefugten Gebrauch des gleichen Namens gem. § 12 BGB zu verweisen (siehe Schwerdtner-Münch. Kommentar, § 12 Rdn. 98 ff.). Die Rechtsprechung hat diese Bestimmung auf die juristische Person ausgedehnt, darüber hinaus auf schlagwortartige Zusammenziehung.

Der Rechtsschutz ist absoluter Art, so daß sich der Beseitigungs- und Unterlassungsanspruch gegen jeden Verletzer richtet, ohne Rücksicht auf sein Verschulden. Die Ansprüche setzen sich daher auch gegen den gutgläubigen oder geisteskranken Verletzer durch (H. Lange, BGB Allgemeiner Teil, § 25 III).

Das Interesse der vorliegenden Untersuchung ist besonders auf die Ordnungsaufgabe des Namens und damit auf die öffentlich-rechtliche Seite des Namensrechts gerichtet. Im Mittelpunkt steht die Beziehung zwischen dem Namen und den Personenstandsbüchern, in die der Name unter bestimmten familienrechtlichen Voraussetzungen eingetragen wird. Letztlich handelt es sich um den Zusammenhang zwischen dem materiellrechtlichen und formellrechtlichen Personenrecht in Gestalt des Personenstandsrechts (Ogris, Personenstandsrecht, Wien 1977, mit Schrifttumsangaben, S. XXXVff.; Edelbacher, Namensrecht, Wien 1978, S. 27; zum ganzen Gebiet: Raschauer, Namensrecht, Wien 1978).

c) Personenstandsrecht

aa) Code civil

Die Vorschriften über die Beurkundung des Personenstandes sind bald im Zivilgesetzbuch, bald in Sondergesetzen enthalten. In erster Hinsicht ist vor allem der Code civil zu nennen, weil er das Personenstandsrecht als erste Kodifikation in den Text des Personenrechts eingliedert (Art. 34–101). Auf der Grundlage vorausgeschickter allgemeiner Bestimmungen werden Geburts-, Heirats- und Sterbeurkunden unterschieden und auf dieser Basis entsprechende Register entwickelt (Des actes de naissance, de mariage, de décès, Art. 55–92). Die Zivilstandsurkunden sind nach französischem Recht nicht nur übliche Beweismittel, sondern materiellrechtliche Träger des Zivilstandes der Person. Die Berichtigung findet in einem besonders geregelten Verfahren statt (Art. 99 ff.). Gerichtliche Entscheidungen „en matière d'état" verändern den Status einer Person (siehe das Gesetz vom 3.1.1972 und zu der Problematik Mazeaud-Mazeaud, a.a.O., S. 543 ff.). Auf die französische Ausgestaltung der Rechtsmaterie haben vom rechtshistorischen Standpunkt aus betrachtet verschiedene Faktoren eingewirkt, die zum Teil auf die überkommene Statuslehre, zum Teil auf die Menschenrechtserklärung der Revolutionsverfassungen zurückgehen.

bb) ZGB

Das schweizerische Zivilgesetzbuch enthält in dem Titel „Die natürlichen Personen" einen Abschnitt „Die Beurkundung des Personenstandes" (Art. 39–51). Allgemein wird bestimmt, daß zur Beurkundung des Personenstandes durch die Zivilstandsämter Register geführt werden, und zwar von „weltlichen Beamten". Weitere Regelungen beziehen sich auf die „Haftbarkeit, Aufsicht und Berichtigungen" (Art. 39–45). Nach dem ursprünglichen Text des ZGB bestanden nur ein Register der Geburten und ein solches der Todesfälle, in das auch die Verschollenerklärung eingetragen wird. In Ansehung der Veränderungen wird ausgeführt, daß als Randbemerkung nachgetragen werden soll, wenn sich die Anzeige nach der Eintragung als unrichtig erweist, oder wenn die Person des unbekannten Verstorbenen nachträglich festgestellt oder eine gerichtliche Verschollenerklärung umgestoßen wird.

Die Verordnung über das Zivilstandswesen (vom 1. Juni 1953, SR 211.112.1) hat folgende Register eingeführt: 1. Einzel-, Geburts-, Todes-, Ehe-, Legitimations- und 2. das Familienregister. Die Familienregister führt der Zivilstandsbeamte des Heimatortes. Die Eintragung einer Familie umfaßt auch solche Personen, die nicht Gemeindebürger sind, sofern sie zum Bestande der Familie gehören. Die Verordnung über das Zivilstandswesen beschreibt in Art. 115 die Art und Weise der Blatteröffnung. Besonders eingehend ist das Mitteilungswesen geregelt (Art. 120 ff.), ebenso der Abschnitt „Auszüge und Abschriften". Ein besonderes Kapitel der Verordnung behandelt die Eheschließung.

3. Vom Namen zum Personenstand

cc) BGB und ABGB

Das BGB hat das Familienrecht nicht abschließend geregelt; infolgedessen ist das Personenstandsrecht in einem besonderen Gesetz niedergelegt (PSTG i.d.F.v. 8.8.57, BGBl. 1128, geändert durch das zweite PST-Änderungsgesetz v. 18.5.57, BGBl. 518).

Grundsatz ist, daß durch die Abstammung der Person der *Personenstand* vermittelt wird. Hierunter wird die Zugehörigkeit des Betreffenden zu einer bestimmten Familie verstanden. Als maßgebende Umstände werden außer Geburt, Heirat und Tod noch Adoption, Legitimation und Scheidung angesehen (Palandt-Heinrichs, Einführung Vor § 1591 Ziffer 1 BGB). Der Beweis für die Abstammung sowie für die Eheschließung der Eltern wird durch das Geburts- und Familienbuch und die entsprechenden Urkunden erbracht (PSTG § 60. Hinsichtlich der zulässigen Randvermerke siehe PSTG §§ 29, 30, 30a und 31). Das am 1.1.1958 in Kraft getretene „Zweite Gesetz zur Änderung des Personenstandsgesetzes" hat als viertes Buch neben dem Geburten-, Heirats- und Sterbebuch das Familienbuch eingeführt. Bewiesen werden durch diese Einrichtung die Eheschließung, die Geburt und der Tod. Gemäß § 60 II PSTG ist der Nachweis der Unrichtigkeit der beurkundeten Tatsachen zulässig. Der Standesbeamte stellt, abgesehen von beglaubigten Abschriften und Auszügen aus dem Familienbuch, Geburtsscheine, Geburts-, Heirats- und Sterbeurkunden aus.

Zum österreichischen Personenstandsrecht siehe neuerdings W. Ogris, Personenstandsrecht, Wien 1977, wo die gesamte gesetzliche Entwicklung, die an das deutsche Recht anknüpft, wiedergegeben ist. Die Beurkundung des Personenstandes liegt dem Standesbeamten ob, der ein Familien-, ein Geburten- und ein Sterbebuch führt. Das Bundesgesetz vom 23. Juli 1976 über Änderungen auf dem Gebiete des Personenstandsrechts (BGBl. Nr. 331/1976) enthält mehrere Änderungen des deutschen Personenstandsgesetzes vom 3. November 1937, RGBl. I, S. 1146 und paßt das österreichische Personenstandsrecht an die Neuordnung der persönlichen Rechtswirkungen der Ehe an. Als erstes Ziel wird angesehen, „die dem formellen Personenstandsrecht zugehörenden Voraussetzungen zur Anwendung des schon Gesetz gewordenen neuen Namensrechts zu schaffen".

Das Gesetzesmotiv macht den Zusammenhang zwischen dem Namensrecht und Personenstandsrecht, der den Ausgangspunkt bildete, deutlich. Der Kontext erfordert, daß das Personenstandsrecht – allerdings in vereinfachter Form – mit dem Namensrecht innerhalb des Bürgerlichen Gesetzbuches vereinigt wird.

d) Rechtshistorische Bemerkungen

Die Personenstandsbücher und -urkunden lassen sich nicht nur aus dem Recht der Persönlichkeit auf Identifizierung erklären, wie überhaupt eine gewisse Zurückhaltung angebracht ist, das Namensrecht und damit zusammenhängende Rechtserscheinungen allein aus dem Persönlichkeitsrecht abzuleiten.

Die Rechtsgeschichte der Institutionen greift weit zurück, denn laufende Aufzeichnung über Amtshandlungen in bestimmten Bereichen gehen mindestens bis in das 5. Jahrhundert zurück (Taufregister). Auf dem Konzil von Trient wurden Kirchenbücher (als Geburts- und Heiratsregister) geschaffen, die der Staat anerkannte. Stadtbücher wurden seit dem 12. Jahrhundert, in Italien seit dem 14. und 15. Jahrhundert angelegt (bes. erstrecken sie sich auch auf das Notariatswesen).

Notare legten den Wortlaut der Urkunden in Registern fest (Imbreviaturen). Eine Besonderheit der französischen Gesetzgebung war die Einrichtung der Register der „parlements" (enregistrement) (Erler, HRG 26. Lieferung, Sp. 498). Alle diese Register sind jedoch nur Vorläufer der Personenstandsregister, die auf die französische Gesetzgebung der Revolution (1789) zurückgehen. Das deutsche Reichspersonenstandsgesetz vom 6.II.1875 gründete sich darauf.

Vierter Hauptteil
Vereine und Stiftungen

1. Die systematische Stellung im BGB

a) Gesetzliche Gliederung

Als juristische Personen sind im BGB die Vereine, Stiftungen und Anstalten des öffentlichen Rechts geregelt (§§ 21 ff., 89). Eine rechtsdogmatische Definition der juristischen Person als solcher ist nicht mehr anzustreben, weil es auf die gesetzlichen Merkmale ihrer einzelnen Anwendungsfälle ankommt.

In erster Linie ist es die Art und Weise des Erwerbs der Rechtsfähigkeit, die das BGB sowohl hinsichtlich des Vereins als auch der Stiftung in §§ 21 ff. und § 80 erläutert hat. Auf der einen Seite ist es die Eintragung in das Vereinsregister, durch die ein Verein, dessen Zweck nicht auf einen wirtschaftlichen Geschäftsbetrieb gerichtet ist, Rechtsfähigkeit erlangt, auf der anderen Seite ist es die staatliche Verleihung, durch welche ein sog. wirtschaftlicher Verein die Rechtsfähigkeit erwirbt.

b) Der Verein als Bestandteil des Personenrechts

Der Verein – gleich ob rechtsfähig oder nicht – ist als Grundform der überlieferten Körperschaft Bestandteil des Personenrechts (§§ 21-79 BGB). Diese Rechtsstellung wohnt ihm als Erscheinungsform der juristischen Person inne, soweit er die Rechtsfähigkeit erworben hat. Der Zusammenhang ist nur formellen Charakters. Die Normen des Vereinsrechts haben nämlich mit den personenrechtlichen Institutionen wie Geschäftsfähigkeit, Selbstverteidigung, Todeserklärung usw. wenig Berührung. Vor allem ist das vorausgesetzte Gemeinschaftsleben mit den auf den einzelnen zugeschnittenen Rechtsnormen nicht in Verbindung zu bringen. Jenes kommt eher dem Gesellschaftsrecht näher, wenngleich die Rechtsfigur des Gesellschaftsvertrages nur schwerlich im Personenrecht eine Entsprechung erfährt. Immerhin ist anerkannt, daß umgekehrt bei Gesellschaften eine ähnliche Willenseinheit (auch organisatorisch) zustandekommen kann wie bei Körperschaften (zuletzt: Wiedemann, Gesellschaftsrecht I, S. 39).

Schon in früherer Zeit ist der Vorschlag gemacht worden, das Gesellschaftsrecht mit dem Vereinsrecht zu einer Gesamtmaterie „Verbandsrecht" zu vereinigen. Die Anregung ist bisher nicht verwirklicht worden. Die Gründe der Ablehnung sind mehrschichtig. Sie liegen nämlich im Aufbau sowohl des BGB als auch des HGB. Unter den Begriff des Verbandsrechts würde aus Gründen des Zusammenhanges mit der juristischen Person auch die Stiftung gebracht werden müssen. Diese würde nicht als Personenverband, sondern als „Verbandsperson" in das Verbandsrecht eingeordnet werden können, mag es auch einige dogmatische Schwierigkeiten verursachen.

Was das HGB betrifft, so bringt die BGB-Gesellschaft die im HGB geregelten Personengesellschaften und die in Sondergesetzen behandelten entsprechenden Rechtsformen in das Personenrecht ein. Trotz aller Bedenken bleibt die Verbindung von Körperschafts- und Gesellschaftsrecht, wo immer der gesetzliche Ansatzpunkt liegt, eine dogmatische und systematische Aufgabe.

Die personenrechtliche Qualifizierung des Vereins ist deshalb notwendig, weil er in seinem Ursprunge auf einer korporativen Struktur beruht, die sich als körperschaftliche Verfassung auch im BGB erhalten hat (Eichler, Die Verfassung der Körperschaften und Stiftung, 1986).

Die Rechtsstruktur der BGB-Gesellschaft läßt sich an dieser Stelle nicht beiläufig erörtern. Die Institution ist kein „potentielles Rechtssubjekt". Den Versuchen, die Gesellschaft für rechtsfähig zu erklären, kann nicht beigepflichtet werden. Der Begriff „Gesamthandsperson" läßt sich nicht ohne weiteres in das System des Personenrechts einfügen, vielmehr ist das Gesamthandsprinzip an dem Gesamthandsvermögen und dem Gesamthandseigentum zu erklären (zuletzt Eisenhardt, Gesellschaftsrecht, 3. Aufl. 1985, S. 35 ff., unter Hinweis auf die Abhandlungen von Larenz und Flume).

Ein gewisser Einschlag in das Gesellschaftsrecht ist dadurch gegeben, daß auf die nicht rechtsfähigen Vereine die Vorschriften über die Gesellschaft mit einigen Einschränkungen entsprechende Anwendung finden (§ 54 BGB). Strukturell steht jedoch der nicht rechtsfähige Verein dem rechtsfähigen Verein näher als der Gesellschaft des bürgerlichen Rechts. In dieser Hinsicht hat das Schrifttum soziologische Untersuchungen angestellt, die zu dem Ergebnis gelangen, daß als Träger des Vereinszweckes „sozialrechtlich nur die Organisation, der Verein selbst" erscheint (H. Stoll, RGpraxis im deutschen Rechtsleben II, 1929, S. 68 ff.; Fabricius, Relativität der Rechtsfähigkeit, 1963, S. 207).

c) Wandlungen im System des Vereinsrechts

Die Rechtslehre vom Verein gibt den Theorien der juristischen Person eine Reihe von Gesichtspunkten an die Hand, unter denen besonders die Tragweite der Vereinszwecke herausragt. Die Zweckbetrachtungen orientieren sich an verschiedenen Merkmalen, wie z. B. der Zweckgemeinschaft und Zweckpersonifikation. Verflochten mit dem Zweck ist das Interesse, das theoretisch konzipiert wird. Auf diesen Wegen bildet sich schließlich eine Theorie der Integration von

Mitgliedschaften in die Zweckgemeinschaft, so daß ein personenrechtliches Element sui generis herauskommt.

Die Zweckgemeinschaft entwickelt sich nämlich im Rahmen eines Personenverbandes, der die Mitglieder in die Aufgaben des Vereins einfügt, und zwar unter dem Dache der juristischen Person. Es handelt sich also nicht nur um die Integration von Mitgliedschaften in eine abstrakte Zweckgemeinschaft, sondern um eine solche von konkreter körperschaftlicher Gestalt. Die Zweckverfolgung ist daher anders zu konstruieren als die Zielstrebung der Gesellschafter im Rahmen der Gesellschaft (§ 705 BGB). Vorausgesetzt wird dabei eine Zwecksetzung in der Satzung des Vereins, die auf die Gründung und Errichtung zurückgeht. Es läßt sich von einer konstitutiven Zweckbestimmung sprechen, weil sie ein aufbauendes, wesentliches Element der Satzung ist. Die Dogmatisierung des Vereinsrechts vollzieht sich hiernach weniger auf der formellen Ausgangsbasis der Rechtsfähigkeit als auf der Grundlage der Zwecksetzung und Zweckgemeinschaft sowie schließlich der Mitgliederintegration (Lutter, Theorie der Mitgliedschaft, AcP, 180, 84 ff.). Die Antithese zwischen dem nichtwirtschaftlichen und wirtschaftlichen Verein und die damit verbundene Differenzierung des Rechtsfähigkeitserwerbs waren von vornherein wenig geeignet, den Gesamtaufbau zu untermauern, zumal die Gestalt und das Wesen eines ideellen Vereins methodisch übergangen wurden. Was das Gesetzessystem angeht, so fehlt es überhaupt an einer Definition dieser Vereinsart und an einer systematischen Erfassung seiner Ausprägung im Gemeinschaftsleben. Der Einwand, daß seine Zwecke derartig vielseitig seien, daß sie sich der Aufzählung entzögen, greift nicht durch. Im Rahmen der Variationsbreite ließen sich bestimmte Gruppen von Vereinen bilden, die die Eigenart und Wesenheit des ideellen Vereins dem Rechtsverständnis nahebringen könnten. Eine solche Aufgliederung könnte eine systematische Aufgabe der Zukunft sein. Zu erwägen ist übrigens, daß andere Zivilrechtskodifikationen Anläufe zu einer solchen Auffächerung unternommen haben, nicht um ein System zu begründen, sondern um einen Einblick in die Natur der Sache zu gewähren.

Wenig aufschlußreich ist es, daß am Anfang des Abschnittes „Vereinsrecht" die Rechtsfigur des wirtschaftlichen Vereins ohne greifbares Ergebnis hin und her gewendet wird, verbunden mit dem Umkehrschluß, daß alle hiervon nicht erfaßten Vereine ideelle Zwecke verfolgen.

Insgesamt betrachtet macht sich de lege ferenda eine Tendenz bemerkbar, den bürgerlich-rechtlichen Verein mit wirtschaftlicher Tätigkeit dem Unternehmensrecht anzunähern und dabei den Boden des Handelsrechts zu betreten. Ausdrücke wie „Volltypus des unternehmerisch tätigen Vereins" oder „unternehmerisch anbietender Verein" belegen dies. Ebenso die Erwägung, daß ein idealer Verein, der ein kaufmännisches Handelsunternehmen als Nebenzweck betreibt, ins Handelsregister eingetragen werden kann (Wiedemann, a.a.O., S. 101). Schließlich wird das Handelsrecht dadurch berührt, daß die Gründer eines wirtschaftlichen Vereins auf die Rechtsform der GMBH oder AG „ausweichen" können (Enneccerus-Nipperdey, Allgemeiner Teil des Bürgerlichen Rechts, I, 1, § 107 II), und daß im Zusammenhang mit dem Wirtschaftsverein die genossenschaftliche Organisation eine Grundform bildet.

d) Gliederung der Stiftungen

aa) Anstaltsähnliche Einrichtungen

Der Gedanke der Trennung von ideellen und wirtschaftlichen Vereinen spielt auf den ersten Blick in die Lehre von den Zwecken der Stiftung hinein. Jedoch bietet das Gesetz keine Handhabe für eine dogmatische Fortsetzung der Vereinslehre, weil die Stiftung von Mitgliedern losgelöst ist, und ihre Zwecke nicht in vergleichbarer Weise geordnet sind. Der heutige Sprachgebrauch erblickt in der Stiftung eine „anstaltsähnliche" Einrichtung, die nach dem Willen des Stifters vorbestimmten Ideen dient, meist gemeinnützigen Zwecken, besonders auf karitativen Gebiet, ferner im Bereich der Kunst und Wissenschaft sowie der Geselligkeit. Jedoch ist eine Erschöpfung der denkbaren Zwecke durch eine Aufzählung nicht möglich. Die genannten Zwecke werden mit Hilfe eines Vermögens erreicht, das ihnen dauernd „gewidmet" ist. In der Widmung kommt der Wille des Stifters derart zum Ausdruck, daß die Bereitstellung der Mittel und ihre spätere Übertragung im Sinne eines Rechtsgrundes motiviert wird, d.h. die Zuwendung erfolgt stifungshalber. Gutzwiller fügt dieser Analyse hinzu, daß der Stifter noch weitere Ziele verfolgt, nämlich den „Schutz einer Personengruppe", die „Herstellung eines Zustandes", die „Errichtung eines Werkes" (Die Stiftungen, in: Schweizerisches Privatrecht, Bd. 2, Basel u. Stuttgart 1967). Der Wille des Stifters verkörpert sich in dem Stiftungsvermögen, dessen Erträge regelmäßig zur Förderung kultureller, sozialer oder ähnlicher Aufgaben, wie etwa Gewährung von Stipendien, dienen und entsprechend verwaltet werden (Ertragsstiftungen). Den Gegensatz bilden Gebrauchs- oder Anstaltsstiftungen (Altersheime, Kunstsammlungen). (H. Ebersbach, Handbuch des deutschen Stiftungsrechts, 1972, S. 16 ff.). Regelmäßig wird das Vermögen vom Stifter im Stiftungsgeschäft gewidmet. Denkbar ist, daß – einer Unternehmensstiftung – Gewinnanteile eines Gewerbebetriebes zufließen, die für den Stiftungszweck verwendet werden. Die Stiftung ist in diesem Falle Trägerin des Anspruchs auf Gewinnanteile (H. Ebersbach, a.a.O., S. 18).

In der Lehre vom Stiftungszweck werden bestimmte Typen unterschieden, insbesondere gemeinnützige und privatnützige Stiftungen. Die milden Stiftungen sind in die gemeinnützigen aufgegangen. Hinzukommen Familienstiftungen, die privatnützig sind, und Familienfideikommißauflösungsstiftungen.

bb) Kirchliche und weltliche Stiftungen

Vom Standpunke der Stiftungsorganisation sind kirchliche und weltliche Stiftungen von einander zu sondern. Jene streben kirchliche oder religiöse

Zwecke an. Auf Grund der Statuten befinden sie sich in einem organisatorischen Zusammenhang mit der betreffenden Kirche. Das bayerische Stiftungsgesetz vom 26.11.1954, das die Stiftungsarten zusammengefaßt hat, unterscheidet folgende rechtsfähige Typen:
1. Stiftungen des bürgerlichen Rechts (= privatrechtliche Stiftungen) und Stiftungen des öffentlichen Rechts (= öffentlichrechtliche Stiftungen),
2. öffentliche und private Stiftungen
3. Stiftungen unter Verwaltung einer öffentlichen Behörde (insbesondere staatlich oder kommunal verwaltete Stiftungen),
4. allgemeine, kommunale und kirchliche Stiftungen.

cc) Öffentlichrechtliche und privatrechtliche Stiftungen

Die oben erwähnten öffentlich-rechtlichen Stiftungen sind nach öffentlichem Recht errichtete Verwaltungseinheiten, die sich auf einen besonderen Staatsakt gründen, wodurch sie ihre Rechtsfähigkeit erlangen. Die privatrechtliche Stiftung beruht auf einem Stiftungsgeschäft als einem Rechtsgeschäft unter Lebenden oder von Todes wegen (§ 83 BGB). Zur rechtlichen Entstehung ist ferner die staatliche Genehmigung erforderlich. Auf Grund der Genehmigung ist der Stifter verpflichtet, das in dem Stiftungsgeschäft zugesicherte Vermögen auf die Stiftung zu übertragen (§ 82 S. 1).

cc) Die zivilrechtliche Regelung enthält keine besonderen Vorschriften organisatorischer Art, sondern verweist nur auf einige Bestimmungen des Vereinsrechts (§ 86 BGB). Hieraus ergibt sich, daß der Vorstand (§ 26 BGB) ein notwendiges Stiftungsorgan ist, dessen Vertretungsmacht allerdings durch die Satzung beschränkbar ist (§ 26 II BGB). Ohnehin können sich aus dem Stiftungszwecke Beschränkungen der Vertretungsmacht des Vorstandes ergeben. Die vereinsrechtliche Vorschrift, wonach der Vorstand von der Mitgliederversammlung bestellt wird, kann auf das Stiftungsrecht keine Anwendung finden. Die Bestellung richtet sich nach Landesrecht, wenn der Stifter keinen Vorstand in der Stiftungsurkunde vorgesehen hat. Weitere Stiftungsorgane bestehen nicht. Die Destinatäre sind weder Mitglieder noch Verwaltungsorgane.

Die Stiftung unterliegt der Staatsaufsicht, damit gewährleistet ist, daß sie in Übereinstimmung mit dem Willen des Stifters, der Satzung und dem Gesetz verwaltet wird. De lege ferenda bedarf die Stiftungssatzung einer vom Vereinsrecht unabhängigen Regelung.

dd) Unselbständige Stiftungen

Systematisch betrachtet ist von der üblichen rechtsfähigen Stiftung die unselbständige zu unterscheiden, wenn sie sich an einen rechtsfähigen Organismus anschließt, dessen Bestandteil sie in dem betreffenden Sachbereich wird. Derartige Stiftungen gehen in die betreffende Anstalt auf, bleiben aber bei der Verwirklichung ihres Zweckes selbständig. In ihrem Ursprungsstadium erfüllen sie die Merkmale eines Stiftungsgeschäftes, allerdings ohne rechtsfähig zu sein (hierher gehören z.B. Stipendienstiftungen). Eine weitere Art der unselbständigen Stiftung ist oft die Schenkung unter „Auflage", sofern es sich um eine Zuwendung handelt, die mit einer bestimmten Anweisung versehen ist, auf Grund deren der Empfänger verpflichtet ist, bestimmungsgemäß mit dem Vermögen zu verfahren (Gutzwiller, a.a.O., S. 612).

e) Rechtspolitische Bemerkungen

Der Grundgedanke der Verfassung eines rechtsfähigen Vereins, die durch die Satzung bestimmt wird, stützt sich auf § 25 BGB. Diese besondere Art einer „Verfassung" ist ein Merkmal der körperschaftlichen Organisation, die im Rahmen der Beratung des Vereinsrechts am Ende des 19. Jahrhunderts Gegenstand mannigfacher Wandlungen und Überlegungen dar. Im BGB fand jedoch nur die Körperschaft des öffentlichen Rechts (neben Anstalten und Stiftungen dieser Art) ausdrückliche Erwähnung (§ 89 BGB). Dessenungeachtet breitete sich die ursprüngliche Körperschaftsidee im Handelsgesellschaftsrecht weiter aus. Der bürgerlichrechtliche Verein blieb nur Prototyp für den „Turn-, Heimat- oder Gesangverein" (Wiedemann, a.a.O., S. 108). Dabei spielt anscheinend die Erwägung eine Rolle, daß er weder auf das Dasein der Mitglieder noch auf die „soziale Umwelt" Einfluß zu gewinnen vermochte. Die Folge ist, daß der einzelne Privatverein „gesamtgesellschaftlich" heute für bedeutungslos erachtet wird.

Geblieben ist dem rechtsfähigen Verein die Einordnung in die juristische Person des Privatrechts, deren theoretische Erörterung freilich nicht als ertragreich für das Verständnis verbandsrechtlicher Probleme angesehen wird (so Wiedemann, a.a.O., S. 191, dem nicht widersprochen werden kann).

Unterschätzt wird, daß der Verein der erste privatrechtliche Ansatz für die körperschaftliche Satzung und Verfassung gewesen ist, und daß er sich übrigens als sog. Kapitalverein im handelsgesellschaftlichen Bereich dauerhaft fortgesetzt hat, was auch für die Gebiete des Genossenschaftsrechts und des Versicherungsrechts gilt (Versicherungsverein a.G.).

Die Systematisierung, die von dem Spannungsverhältnis zwischen dem „nicht wirtschaftlichen" und wirtschaftlichen Verein ausging, ist im Ergebnis unglücklich gelaufen. Ebenso ist der Einbruch des Gesellschaftsrechts in die Ordnung des nicht rechtsfähigen Vereins keine Dauerlösung gewesen.

Es ist die Zeit gekommen, daß die Systematik einige maßgebende Grundkategorien – ähnlich wie es im stiftungsrechtlichen Schrifttum geschehen ist – entwickelt, indem sie geeignete Vereinsmodelle dem Gemeinschaftsleben entnimmt. Auf diesem Wege ließen sich nach und nach eine moderne Theorie des Vereinssystems und eine anschauliche Typologie aufbauen, die auf vorbildlichen Erscheinungen des kulturellen Lebens errichtet werden sollte.

2. Sonderstellung der Verbände

a) Vereine und Verbände

Mit dem Verein verbindet sich a priori kein bestimmtes Modell eines Zusammenschlusses wie etwa bei den handelsrechtlichen Gesellschaften. Vielmehr stellt das Gesetz nur einen allgemeinen Rahmen für körperschaftliches Zusammenwirken der Mitglieder zur Verfügung. Die bisher getroffenen Unterscheidungen der Vereinstypen bezogen sich vor allem auf die Art und Weise des Erwerbes der Rechtsfähigkeit und auf die unter diesem Gesichtspunkt zu Grunde gelegte Zweckrichtung. Eine derartige Differenzierung hat die rechtliche Entstehung des Vereins im Auge. Hiervon unabhängig haben sich vom Zwecke her gesehen bestimmte Typen herausgebildet, die zwar im Gesetz nicht im einzelnen geregelt sind, dennoch einer Beschreibung bedürfen, weil auf diese Weise auch ein Beitrag zur Systematik geleistet wird. In diesem Sinne ist es nach einem eingewurzelten Sprachgebrauch üblich, von Vereinen und Verbänden zu reden. Innerhalb des Systems der Vereinigungen hat die getrennte Behandlung von religiösen und politischen Vereinen früher eine gewisse Rolle gespielt.

Gemäß den Vorschriften über die Anmeldung des Vereins zur Eintragung konnte die Verwaltungsbehörde Einspruch hiergegen einlegen, wenn der Verein nach dem öffentlichen Vereinsrecht unerlaubt war oder verboten werden konnte, oder wenn er einen politischen, sozialpolitischen oder religiösen Zweck verfolgte (§ 61 II BGB urspr. Fassung). Die inzwischen aufgehobene Vorschrift bleibt aus naheliegenden Gründen geschichtlich interessant. Nach dem jetzigen Wortlaut ist der Einspruch nur zulässig, wenn der Verein nach dem öffentlichen Vereinsrecht unerlaubt ist oder verboten werden kann. Das frühere „verschleierte" Konzessionssystem ist somit beseitigt. Die Bestimmungen der neu gefaßten §§ 61–63 BGB finden auf politische Parteien keine Anwendung (siehe hierzu die Bestimmungen des Parteiengesetzes vom 24.VII.1957 in d.F. vom 22.VII.1969 abg. durch Gesetz vom 29.VIII.1974 BGBl.I 1537, das das Recht des BGB abwandelt).

Infolge einer neueren Systematik wird dem Idealverein der öffentliche „Verband" gegenübergestellt. Maßgebend ist die Erwägung, daß der auf einen begrenzten Zweck gerichtete Verein „weder für das Leben der Mitglieder noch für die soziale Umwelt einschneidende Bedeutung gewinnen möchte". Dieser Typus bleibt daher auf den „privat-gesellschaftlichen Bereich" beschränkt. Man geht davon aus, daß derartige Einrichtungen nur „spezielle und individuelle Bedürfnisse" der Mitglieder befriedigen (siehe die Charakterisierung bei Wiedemann,

Gesellschaftsrecht I, S. 109, der im Anschluß an Max Weber von einer „herrschaftsfreien Verbandsverwaltung" spricht). Dadurch, daß der Verein als „privat" behandelt wird, entsteht die Vorstellung eines privaten Vereins, dem auf der anderen Seite der öffentliche Verband gegenübergestellt wird. Im Grunde genommen handelt es sich um eine quantitative Analyse, indem auf einen unübersehbar großen Mitgliederkreis abgestellt wird. Allerdings werden auch qualitative Merkmale angezogen, nämlich der verselbständigte „Organisationsbereich" und der soziale „Machtfaktor" (a.a.O., S. 112).

Es stellt sich die Frage, ob der sogenannte öffentliche Verband in die Darstellung des Vereinsrechts einzubeziehen ist. Dadurch, daß der Verband als öffentlich bezeichnet wird, entsteht nämlich der Eindruck, als ob es sich um ein öffentlichrechtliches Phänomen handele. Sofern der Verband eine öffentlichrechtliche Körperschaft ist, scheidet selbstverständlich die Einfügung in das Vereinsrecht des BGB aus. Es kommt daher entscheidend darauf an, ob die innere Organisation vereinsrechtlich strukturiert ist. Für den Fall, daß dies bejaht wird, ist davon auszugehen, daß es sich um eine besondere Art des privatrechtlichen Vereins handelt, mag er auch als öffentlicher Verband oder „Wirtschaftsverband" in öffentliche Erscheinung treten. Daß die Aufgaben und Funktionen über den Mitgliederkreis hinaus erweitert werden, ist grundsätzlich kein Argument dafür, daß die privatrechtliche Einrichtung ohne weiteres dem öffentlichen Recht unterstellt wird. Denkbar sind sogar „Verbände" ohne Mitglieder, wenn ihre Aufgaben „unpersönlich" wahrgenommen werden.

b) Die vereinsrechtliche Organisation

aa) Untergliederungen und Zweigvereine

Mit dem Aufkommen der Großvereine entstanden *unselbständige* Untergliederungen und *selbständige* Zweigvereine. Die rechtlichen Beziehungen, die im Laufe der Zeit zwischen ihnen entstanden, sind nach der Rechtsprechung verschieden zu beurteilen. Die Untergliederung ist von vornherein kein selbständiger Verein. Hieraus folgt, daß ihr keine körperschaftliche Selbstbestimmung zusteht. Es fehlt der Untergliederung insbesondere die Satzungskompetenz. Den unselbständigen Untergliederungen mangeln ex lege die vereinsrechtlichen Organe, wenn auch der Zentralverein die ihm unterstehende Einrichtung zu ermächtigen vermag, einzelne rechtliche Befugnisse zu übernehmen (siehe hierzu Schultze-v. Lasaulx, Rdn. 52 ff. Vor § 21). Das wesentliche Merkmal ist vor allem, daß die in Betracht kommenden Mitglieder stets nur solche des Zentralvereins sind.

Entgegengesetzt ist dem gegenüber die Konstruktion des *selbständigen* Zweigvereins, der die gesetzlichen Merkmale eines Vereins aufzuweisen hat. Infolgedessen errichtet er eine eigene Satzung, die sich allerdings nicht mit der des Zentralvereins in Widerspruch setzen darf. Infolge der Eingliederung ist es dennoch erforderlich, daß sich der Zweck des Zweigvereins mit der allgemeinen Zielsetzung des Hauptvereins deckt. In jedem Falle ist dem Zweigverein ein eigenverantwortlicher Aufgabenbereich eigen. Aus der Doppelstellung folgt, daß die Mitglieder des Zweigvereins ohne weiteres die Mitgliedschaft des Hauptvereins erwerben (Staudinger-Coing, § 21, Rdz. 36).

bb) Vereinsverband und Gesamtverein

Nach einer anderen Terminologie wird zwischen Vereinsverband und Gesamtverein unterschieden. Jener ist ein „Zusammenschluß von selbständigen Vereinen zur Verfolgung gemeinsamer Zwecke". In der Satzung kann bestimmt werden, daß Verbandsmitglieder nicht nur die Mitgliedervereine, sondern auch deren Mitglieder sind (siehe Heinrichs-Palandt, Einf v § 21, Ziffer 10; BGH 28, 133).

Beim Gesamtverein besteht die Möglichkeit, daß die Untergliederungen entweder rechtlich unselbständig sind oder als nicht rechtsfähige Vereine eingeordnet werden. In diesem Falle ist eine körperschaftliche Organisation erforderlich. Die Mitglieder des Gesamtvereins sind nicht die Untergliederungen, sondern die Einzelmitglieder (BGB 89, 155).

cc) Koalitionen

Außerhalb der Darstellung bleiben hier die Koalitionen, die unter dem Schutz der Koalitionsfreiheit des Art. 9 III GG stehen. Den Gegenstand bilden die Wahrung und Förderung der Arbeits- und Wirtschaftsbedingungen. Insbesondere geht es hierbei um den Abschluß von Tarifverträgen, durch welche die Arbeitsbedingungen einschließlich des Lohnes geregelt werden (W. Zöllner, Die Rechtsprechung des BVG zu Art. 9 III GG, AöR, 98, S. 72 ff.; R. Scholz, Koalitionsfreiheit als Verfassungsproblem, S. 1 ff.).

dd) Schranken der Vereinigungsfreiheit

Nachzutragen ist, daß das Vereinsgesetz v. 5.VIII.1964 (RGBl. I, S. 593) von einer Vereinigung ausgeht, die Vereine und Gesellschaften zusammenfaßt. Die Formulierung ist dahin gefaßt, daß eine Mehrheit natürlicher oder juristischer Personen für längere Zeit zu einem gemeinsamen Zweck freiwillig zusammengeschlossen und einer organisatorischen Willensbildung unterworfen wird. Das genannte Gesetz verwirklicht die verfassungsrechtlichen Einschränkungen der Vereinigungsfreiheit.

Die Rechtsprechung des Bundesverfassungsgerichts hat der Vereinigungsfreiheit Schranken gesetzt (BVerfGE 39, 334 – NJW 1975, 1651, 1647). Der vorliegende Gedankengang wird von dem Postulat berührt, daß die in Rede stehende verbandsmäßige Interessenvertretung in Tat und Wahrheit die *Interessen der Mitglieder* des Verbandes repräsentiert. Dies erfordere die verfassungsrechtlich gebotene demokratische Struktur. Den Gegensatz zu den Mitgliederinteressen bilden die der *Mehrheit oder Funktionäre* (siehe Reuter, Münch-Komm. Allgemeiner Teil Vor § 21 Rdn. 66, unter Bezugnahme auf Leßmann, Persönlichkeitsschutz juristischer Personen, AcP 170, 266).

In der Darstellung der „Realtypen der Gesellschaften" ist zwar der Ausgangspunkt, daß der öffentliche Verband die wirtschaftlichen oder sozialen *Interessen der betreffenden Mitglieder* öffentlich vertritt, aber es wird der Möglichkeit Ausdruck gegeben, daß er die Mitgliederinteressen nicht nur dem Staate gegenüber propagiert, sondern daß er selbst am politischen Vorgang der Gesetzgebung beteiligt wird. Solche Verbände werden als *Wirtschaftsverbände* bezeichnet. Im Falle der Delegierung von Regelungskompetenzen handelt es sich um Berufsverbände (sog. beliehene Interessenverbände, wie Gewerkschaften und Arbeitgeberverbände). Beispiel für einen politischen Interessenverband ist nach diesem System der Bundesverband der Deutschen Industrie. Das System wird dadurch abgerundet, daß außerhalb des politischen und beliehenen Interessenverbandes noch der *„bloße Interessenverband"* steht. Ein solcher ist u.a. der Deutsche Sportbund, dessen Organe die Versammlung der Mitglieder sowie der Hauptausschuß und das Präsidium sind (Wiedemann, a.a.O., S. 111).

3. Österreichisches Berufsverbandsrecht

a) Berufskammern

Teil des österreichischen Berufsverfassungsrechts ist das Berfusverbandsrecht. Das Personenrecht wird von dieser Materie, die auf arbeitsrechtlichen Vorschriften beruht, mehrfach berührt, zunächst besonders dadurch, daß als gesetzliche „Interessenvertretungen" nur solche mit körperschaftlicher Verfassung in Betracht kommen. Der Ausgangspunkt ist die Erkenntnis, daß ihnen ein Personenverband zugrundeliegt. Historisch gesehen, lehnen sich die gesetzlichen Interessenvertretungen an die Berufskammern an, deren Organisation körperschaftlichen Charakters ist. Zu den beruflichen Pflichtverbänden gehören u. a. die Kammern der Arbeiter und Angestellten, die Kammern der gewerblichen Wirtschaft und die Bundeskammer der gewerblichen Wirtschaft, ferner eine Reihe von Innungen, Fachverbände usw. der Handelskammerorganisation. Hervorzuheben sind noch besonders im Bereich der Land- und Forstwirtschaft die Landwirtschaftskammern und die Landarbeiterkammern (vollständige Aufzählung bei Strasser, Arbeitsrecht, Band 2 Kollektives Arbeitsrecht, in: Floretta-Spielbüchler-Strasser Hrsg. 2. Aufl., Wien 1984, S. 48). Die Personen, die hiervon erfaßt werden, können sich ihrer Mitgliedschaft nicht entziehen. Die Pflichtverbände sind rechtsfähig. Ihnen steht ein Umlagerecht zu. Das Wesen der Mitgliedschaft wird besonders dadurch gekennzeichnet, daß es sich um Personen handelt, die durch gleichgerichtete und gleichartige Ausübung des Berufes zusammengeschlossen werden (z. Ganzen: Tomandl-Machold, Die Koalitionsfreiheit des Arbeitnehmers in Österreich, in: Mosler-Bernhardt (Hrsg.), Beiträge zum ausländischen öffentlichen Recht und Völkerrecht, 75 (1980) S. 653 ff.).

Die gesetzlichen Interessenvertretungen werden als berufliche Repräsentationen und als Einrichtungen der Selbstverwaltung aufgefaßt. In diesem Rahmen erlangt die Kammerorganisation staats- und gesellschaftspolitische Bedeutung, und zwar im Zusammenhang mit der gewerkschaftlichen „Dachorganisation" des Österreichischen Gewerkschaftsbundes (so Strasser, Kollektives Arbeitsrecht, S. 62 ff.). Es wird dabei von einem „einheitlichen Block" der Vertretung der Interessen der Arbeitnehmer gesprochen. Was die Aufgaben anbetrifft, so wahren die Kammern die Arbeitnehmerinteressen durch die Ausübung des gesetzlichen Begutachtungsrechtes und durch Entsendung von Vertretern in die in Betracht kommenden Stellen, wie Ausschüsse usw., und zwar mit Zuständigkeit für das gesamte Bundesgebiet oder ein Bundesland. Darüber hinaus unterstützt das „Kammeramt" die Gewerkschaften durch „Expertenstäbe" auf einer Reihe von politischen Sektoren. Hinzu kommt besonders der Bereich des Rechtswesens. Diese sog. „Stäbe" stehen den gesetzgebenden Körperschaften auf den in Betracht kommenden Fachgebieten zur Verfügung.

Alle sonstigen gesetzlichen beruflichen Vertretungen nehmen die Interessen ihrer Mitglieder als eine allgemeine Aufgabe auf Grund gesetzlicher Ermächtigungen wahr (siehe § 4 Handelskammergesetz B 1946/182, zuletzt geändert durch B 1983/663).

In jedem Bundesland wird eine Kammer für Arbeiter und Angestellte errichtet. Ihre Organe sind: der Präsident und Vorstand sowie die Vollversammlung und Ausschüsse, außerdem die Rechnungsprüfer. Der österreichische AK-Tag, ebenfalls eine öffentlichrechtliche Körperschaft, ist für Aufgaben zuständig, die mehr als ein Bundesland oder das ganze Bundesgebiet betreffen. Organe sind der Präsident, der Vorstand und die Hauptversammlung (zu den Befugnissen siehe § 2 AKG). Der Tag arbeitet ständig mit den freien Berufsvereinigungen der Arbeitnehmer zusammen.

b) Personenrechtliche Berührungspunkte mit der kollektiven Rechtsgestaltung

Das Arbeitverfassungsgesetz versteht unter Kollektivverträgen Vereinbarungen, die zwischen kollektivvertragsfähigen Körperschaften der Arbeitgeber einerseits und der Arbeitnehmer andererseits schriftlich abgeschlossen werden (§ 2 I).

Die Gegenstände der Kollektivverträge regelt das ArbVG (§ 2 II). In erster Linie sind es die Rechtsbeziehungen zwischen den Kollektivvertragsparteien sowie die gegenseitigen aus dem Arbeitsverhältnis entspringenden Rechte und Pflichten der Arbeitgeber und der Arbeitnehmer (§ 2 II. Ziffer 1 u. 2). Auf der

Gegenüberstellung beruht die bekannte Unterscheidung zwischen dem normativen und dem schuldrechtlichen Teil, dem die Friedenspflicht immanent ist. Weitere Vertragsgegenstände enthalten Ziffer 3 bis 7 der genannten Vorschrift. Von personenrechtlicher Tragweite ist besonders Ziffer 4, die Maßnahmen im Sinne des § 97 I, Ziffer 9 einfügt, wonach Abreden zur *menschengerechten* Arbeitsgestaltung in den Regelungsbereich fallen. Eine besondere Norm des Kollektivvertragsgesetzes (§ 3) regelt das Verhältnis zu anderen Rechtsquellen, insbesondere zu Betriebsvereinbarungen und Sondervereinbarungen. Diese sind nur gültig, soweit sie für den Arbeitnehmer günstiger sind als der Kollektivvertrag oder Angelegenheiten betreffen, die darin nicht geregelt sind.

Im Mittelpunkt der Gesamtordnung befindet sich die Normierung der Kollektivvertragsfähigkeit (§ 4), die als eine besondere Art von Rechts- und Geschäftsfähigkeit aufgefaßt wird, und zwar im Hinblick auf die sog. Normwirkung als Rechtssetzungsbefugnis (§ 11). Der normative Teil ist nach dieser Vorschrift innerhalb seines fachlichen, räumlichen und persönlichen Geltungsbereiches unmittelbar rechtsverbindlich. Dogmatisch betrachtet, versteht sich jene Rechtssetzungsbefugnis als eine vom Staate delegierte, wobei allerdings Vorsicht mit der Übertragung von Autonomievorstellungen aus der allgemeinen Rechtsquellenlehre geboten ist (Strasser, Arbeitsrecht, S. 84).

Das Gesetz gliedert die Bestimmungen, die für die Kollektivvertragsfähigkeit gelten, nach dem Gesichtspunkt, daß zunächst die gesetzlichen Interessenvertretungen der Arbeitgeber und Arbeitnehmer angeführt werden, soweit ihnen die Aufgabe obliegt, auf die Regelung von Arbeitsbedingungen hinzuwirken, und zwar unter der Voraussetzung der Gegnerunabhängigkeit. Es folgen die auf freiwilliger Mitgliedschaft beruhenden Berufsvereinigungen der Arbeitgeber und der Arbeitnehmer, die sich nach ihren Statuten zur Aufgabe machen, „Die Arbeitsbedingungen innerhalb ihres Wirkungsbereichs zu regeln" (§ 4 II, Ziffer 1). Außerdem ist erforderlich, daß sie in ihrer auf Interessenvertretung gerichteten Zielsetzung „in einem größeren fachlichen und räumlichen Wirkungsbereich tätig werden", überdies von der anderen Seite unabhängig sind. Ein weiteres Erfordernis ist, daß die Berufsvereinigungen vermöge der Zahl der Mitglieder und des Umfanges der Tätigkeit eine maßgebende wirtschaftliche Bedeutung haben (Ziffer 3). Eine Sonderregelung gilt für Arbeitsverhältnisse mit Vereinen, mögen sie ideelle oder wirtschaftliche sein. Grundsatz ist, daß diese selbst kollektivvertragsfähig sind (im Schrifttum wird bemerkt, daß ein solcher Verein stets nur die Kollektivvertragsfähigkeit als Arbeitgeber besitzen kann).

Die in Rede stehende Kategorie bezieht sich auf die genannte Fähigkeit kraft Verleihung. Eine Spezialnorm befaßt sich mit dem Vorrang der freiwilligen Berufsvereinigung für den Fall, daß sie einen Kollektivvertrag abschließt (§ 6). In diesem Falle verliert nämlich die in Betracht kommende gesetzliche Interessenvertretung die kollektive Vertragsfähigkeit hinsichtlich der Mitglieder der Berufsvereinigung (zur zeitlichen und sachlichen Einschränkung dieses Satzes siehe § 6).

Im übrigen sind ex lege kollektivvertragsfähig juristische Personen des öffentlichen Rechts nach Maßgabe des § 7, „soweit sie nicht für Arbeitsverhältnisse bestimmter Betriebs- oder Verwaltungsbereiche einer anderen kollektivvertragsfähigen Körperschaft angehören". Eine besondere Bestimmung erstreckt sich auf die Kollektivvertragsangehörigkeit, und zwar sowohl in räumlicher und zeitlicher als auch in fachlicher und persönlicher Hinsicht (§ 8). Hierbei handelt es sich um die Geltung des normativen Teiles des Kollektivvertrages. Eine vereinsrechtlich interessante Regelung ist die Erklärung von Kollektivverträgen zur Satzung. Eine solche Umwandlung ist jedoch nur nach Maßgabe des § 18 Ziffer 1 bis 6 durch Entscheidung des Bundeseinigungsamtes zulässig, und zwar auf Antrag einer kollektivvertragsfähigen Körperschaft, die Partei eines Kollektivvertrages ist. Die Satzungserklärung hat den Rechtscharakter einer Verordnung. Hiervon sind die gesatzten Bestimmungen des Kollektivvertrages (der eigentlichen Satzung) zu trennen. Die Satzungserklärung ist kundzumachen und zu veröffentlichen.

c) Die Belegschaft

Eine weitere Anknüpfung personenrechtlicher Art ermöglichen die Bestimmungen der Betriebsverfassung. Auf der ersten Stufe befinden sich die Organe der Arbeitnehmerschaft (§§ 40 bis 88a) und die Befugnisse derselben (§§ 89 bis 93). Im Gesetzesaufbau folgen die Befugnisse der Arbeitnehmerschaft (§§ 89 bis 93). Hiermit rückt der *Betriebsrat* in den Mittelpunkt der Organisation. Der Betriebsinhaber ist verpflichtet, ihm über alle im Gesetz aufgeführten Angelegenheiten und Interessen der Arbeitnehmer Auskunft zu erteilen, ferner darüber, welche „Arten von personenbezogenen Arbeitnehmerdaten er „automationsunterstützt" aufzeichnet und welche Verarbeitungen und Übermittlungen er vorsieht" (Einzelheiten in § 91 II). Hinzu kommt die Verpflichtung des Betriebsinhabers zur Verpflichtung wiederkehrender gemeinsamer Beratungen in betriebswirtschaftlicher und arbeitspolitischer Hinsicht. Die Beratungen erstrecken sich auch auf soziale und personelle Verhältnisse (§ 92 II).

Alle Arbeitnehmer im Sinne der gesetzlichen *Betriebsverfassung* stellen nach dem Arbeitsverfassungsgesetz die *Arbeitnehmerschaft* des Betriebes dar. Wie bereits angedeutet, organisiert das Betriebsverfassungsrecht diesen Personenverband, der allgemein als *Belegschaft* bezeichnet wird. Das Ziel ist, daß sie eine Organisation erhält, die sie in den Stand versetzt, Organe zu bestellen, damit sie ihre gesetzlichen Befugnisse durchsetzen kann. Man hat versucht, die Belegschaft als eine „juristische Teilperson" aufzufassen (Strasser, Arbeitsrecht, S. 219). Die Eigenschaft einer juristischen Vollperson wird mit der Begründung verneint, daß ihr die Vermögensfähigkeit fehle. Die Konstruktion einer Teilperson versagt indes, weil die Rechtsperson nicht teilbar ist (zum Organisationsrecht siehe Floretta-Strasser, Arbeitsverfassungsgesetz, 2. Aufl., Wien 1988, S. 81 ff.; zu den Organen der Arbeitnehmerschaft siehe § 40 ff.). Das Gesetz unterscheidet zwischen der Belegschaft und den Betriebsversammlungen als

Kontrollorganen der Belegschaft. Der Betriebsrat ist das „zentrale Vertretungsorgan der Belegschaft".

Der einzelne Arbeitnehmer tritt im Rahmen der Betriebsverfassung insofern als Belegschaftsmitglied in Erscheinung, als er der Betriebs- und anderen Versammlungen angehört, zudem sein Wahlrecht ausübt. Die Arbeitnehmer können ihre Anliegen, Anzeigen und Anregungen sowohl beim Betriebsrat als auch beim Betriebsinhaber vorbringen. Die Rechte des einzelnen Arbeitnehmers, die sich aus dem Arbeitsverhältnis ergeben, werden von den betriebsverfassungsrechtlichen Normen nicht berührt (§ 37 II u. III).

Eine Sonderstellung nimmt die Betriebsvereinbarung ein, die auf einem Vertrag zwischen dem Betriebsinhaber und der Belegschaft beruht. Das betreffende Organ handelt beim Abschluß als Stellvertreter der Belegschaft. Der Bestand der Betriebsvereinbarung wird vom Wechsel der Mitglieder der Belegschaft nicht berührt. Rechtsdogmatisch betrachtet läuft die Betriebsvereinbarung auf einen zweiseitigen Normenvertrag hinaus. Der Gegenstand betrifft Angelegenheiten, deren Regelung gesetzlich oder kollektivvertragsrechtlich der Betriebsvereinbarung vorbehalten ist (§ 29).

Die Systematik der Betriebsvereinbarungen ergibt sich aus der Aufzählung der Gegenstände, die § 97 Ziffer 1 bis 24 vorgenommen hat. Vom Thema her gesehen bedarf der Hervorhebung, daß der Betriebsrat ein personelles Informationsrecht hat. Der Betriebsinhaber hat ihn über den künftigen Bedarf an Arbeitnehmern und die im Zusammenhange hiermit in Aussicht genommenen personellen Maßnahmen rechtzeitig zu unterrichten (§ 98). (Zur weiteren Mitwirkung bei der Einstellung von Arbeitnehmern und bei der Festsetzung von Leistungsentgelten im Einzelfall siehe § 100). Besonders geregelt ist die Mitwirkung bei Versetzungen, Verhängung von Disziplinarmaßnahmen, Beförderungen, einvernehmlichen Lösungen, Anfechtung von Kündigungen und Entlassungen (§§ 101 bis 106). (Literatur zur Betriebsvereinbarung: Cerny, Entgeltregelungen in Betriebsvereinbarungen, FS-Strasser, 1983; Bydlinsky, Dogmatische Fortschritte im österreichischen Betriebsverfassungsrecht, JPL 1962, 577 ff.; Floretta, Betriebsverfassung, S. 193; Holzer, Strukturfragen des Betriebsvereinbarungsrechts, 1982; Schwarz, Obligatorische und normative Dimensionen der Betriebsvereinbarung, FS-Strasser, 1983, S. 487 ff.; Tomandl, Die Rechtswirkungen „freier Betriebsvereinbarungen", FS-Strasser, 1983).

4. Organe und Vertreter (BGB)

a) Organismus

Die neuzeitliche juristische Person tritt bekanntlich von Theorien umgeben in das Bild der Privatrechtsgeschichte. Die Lehre von der realen Verbandspersönlichkeit sieht die menschlichen Verbände als „Realitäten" an, denn die Körperschaft ist eine reale Gesamtperson, deren „Gemeinleben" durch Organe betätigt wird. Ihre Handlungen und Unterlassungen sind gleichsam solche der Körperschaft selbst. Unabhängig hiervon können auch Stellvertreter für diese Institutionen im Rechtsverkehr handeln (statt aller O. v. Gierke, Deutsches Privatrecht I, 1885, Nachdruck 1936, S. 518 ff.). Das Ergebnis ist Annahme einer körperschaftlichen Handlungsfähigkeit, die durch Organe vermittelt wird. Die Konstruktion beruht auf der Voraussetzung, daß die reale Verbandsperson als Ganzes gesehen ein *Organismus* ist.

Im Streit der Lehrmeinungen ist der angedeuteten Anschauungsweise „naiver Realismus" vorgeworfen worden. Es ist aber längst erkannt, daß diese Lehre eine geistige Realität ausstrahlte (Mitteis-Lieberich, Deutsches Privatrecht, 9. Aufl. 1983, S. 48). Nach einer anderen Ansicht geht die Annahme der juristischen Person auf eine Fiktion zurück, und zwar im Sinne einer „vorgestellten" Person, die der Anforderung der juristischen Technik entspricht (Savigny, Puchta, Windscheid). Andere Lehren gehen von den Mitgliedern oder dem Zweck aus (z.B. die Theorie der Zweckpersonifikation, siehe hierzu Enneccerus-Nipperdey, Allgemeiner Teil, Erster Halbband, 1959, S. 610). Die zuletzt angeführte Meinung sieht in der juristischen Person keinen Organismus, weil dieser nur immer bildhafte Bedeutung habe.

Wieacker hat von einer „Zauberformel" Gierkes gesprochen, „die den mechanischen Staat überwinden, das eigennützige Individuum wieder binden soll ... Die Gesellschaft erscheint als Hierarchie solcher Verbände, die vom Einzelnen über die Familie, die Genossenschaften und die Selbstverwaltungskörper bis zum Staat als der körperlichen Gestalt des Gesamtvolks organisch aufsteigt" (Privatrechtsgeschichte der Neuzeit, 2. Aufl. 1967, S. 455). Eine Auseinandersetzung mit diesen Theorien findet heute kaum noch statt, was sicherlich zum Teil damit zusammenhängt, daß die juristische Person mehr als eine formelle Einrichtung gesehen wird, der lediglich die Aufgabe der Rechtssubjektivierung in dem ihr zugemessenen Anwendungsbereich zukommt. Offensichtlich ist verkannt worden, daß das dogmatische Schwergewicht nicht so sehr auf dem allgemeinen personenrechtlichen Sammelbegriff als auf seinen Anwendungstatbeständen ruht. Hinzu kommt ein rechtshistorisches Moment.

Die angedeuteten Lehrmeinungen sind neueren Datums, wohingegen die juristische Person als Erscheinungsform des allgemeinen personenrechtlichen Denkens Jahrhunderte weit zurückgreift. (Wieacker weist daraufhin, daß viele Lehren des Gemeinrechts erst im Usus modernus die endgültige Gestalt erhielten, der sie später kodifizierte, oder von der Pandektenwissenschaft erneuert wurden. Dies gilt u.a. auch für die Theorie der moralischen oder juristischen Person „bis zum Vorabend der historischen Rechtsschule", a.a.O., S. 213). Aus solchen und ähnlichen Erwägungen ist herzuleiten, daß die theoretische Grundlegung nicht erst in der Neuzeit stattfand, die ihr nur weitere Impulse verlieh. Der Einwand bezieht sich auf alle Charakterisierungen moderner Auffassungen der juristischen Person, so daß die Theorien im Grunde genommen entwicklungsgeschichtlich gesehen schon überholt waren.

Die neuzeitlichen Lehren haben sich gegenseitig gehemmt, denn jede von ihnen trug zu ihrem Teil verständige Überlegungen in sich. Das gegenwärtige theoretische Interesse wendet sich weniger der juristischen Person als dem Verein und der Stiftung zu. Die konkreten Anwendungsformen lassen mehr als der abstrakte Oberbegriff die Vorstellung eines Organismus zu.

b) Die Integration der Organe

Wie bereits angedeutet, wird der Verein durch seine verfassungsmäßig berufenen Organe tätig. Rechtsgrundlage ist die Satzung. Nach dem Gesetz sind die Organe des Vereins die Mitgliederversammlung und der Vorstand. Hinzukommen besondere gesetzliche Vertreter. Das Gesetz legt fest, daß der Verein einen Vorstand haben muß. Dieser kann auch aus mehreren Personen bestehen (§ 26 I).

Im Hinblick auf das Gründungsstadium ist gelegentlich von *Gründungsorganen* die Rede, jedoch handelt es sich hierbei um einen untechnischen Sprachgebrauch. Das Gründungsstadium besteht aus mehreren Abschnitten, nämlich der Vorgründungsgesellschaft, die mit der Niederlegung der Satzung endigt. Hiermit entsteht der *Gründungsverein.* Bei eingetragenen Vereinen tritt das konstituierende Verfahren hinzu (§§ 55 ff.). Das Gesetz legt außer den Mindesterfordernissen noch weitere solche fest. Sie betreffen den Eintritt und den Austritt der Mitglieder, ihre Beitragsleistung sowie in organisatorischer Hinsicht die Bildung des Vorstandes und die Berufung der Mitgliederversammlung sowie die Beurkundung der Beschlüsse. Der Vorstand hat schließlich den Verein zur Eintragung anzumelden (§ 58 BGB).

c) Die Mitgliederversammlung

In dem Aufbau wird die Mitgliederversammlung als das oberste Organ angesehen. In ihrer Zuständigkeit liegt die Beschlußfassung über die Angelegenheiten des Vereins. Ausgenommen sind diejenigen, die vom Vorstand oder einem anderen Vereinsorgan zu erledigen sind. Bei allen Beschlußfassungen entscheidet vorbehaltlich anderer Satzungsregelung die Mehrheit der erschienenen Mitglieder (§ 32, I). Nach dem System des Gesetzbuches geht zwar die Regelung der Kompetenzen des Vorstandes, dem die Geschäftsführung obliegt, voraus, aber seine Bestellung und Entlassung sind Sache der Mitgliederversammlung. Die Bestellung ist jederzeit widerruflich, so daß der Versammlung auch das Entlassungsrecht zusteht. Neben dem Vorstand kann die Satzung einen besonderen Vertreter für gewisse Geschäfte bestellen, dem Vertretungsmacht zusteht. Es handelt sich dabei um Vertreter mit beschränkter organschaftlicher Vertretungsmacht, denn diese bezieht sich im Zweifel auf diejenigen Rechtsgeschäfte, die der zugewiesene Geschäftsbereich üblicherweise mit sich bringt. Thematisch hat die organschaftliche Haftung für die Sondervertreter im Vordergrund gestanden.

Der Mitgliederversammlung steht nicht das Recht zu, den Verein zu vertreten. Hinsichtlich ihrer Zuständigkeit besteht eine gesetzliche Vermutung (gemäß § 32, I 1). Die Satzung kann dem Vorstand die Geschäftsführung in der Art zuweisen, daß er von Weisungen der Mitgliederversammlung unabhängig ist. Falls dies nicht geschehen ist, kann die Mitgliederversammlung die gesamte Geschäftsführung an sich ziehen. Die Mitgliederversammlung ist berechtigt, dem Vorstand in allen Angelegenheiten Anweisungen zu erteilen, jedoch sind gewisse Aufgaben des Vorstandes unentziehbar. Namentlich verbleibt ihm die Geschäftsführung auf jeden Fall insofern, als sie nötig ist, damit der Vorstand seine gesetzlichen Pflichten erfüllen kann. In diesem Falle ist er auch von den Anweisungen der Mitgliederversammlung unabhängig (Staudinger-Coing, § 32, Rdn. 5). Nach § 40 kann die Satzung die zitierten Vorschriften abändern, d.h. die gesetzliche Kompetenz der Mitglieder einschränken, aber die Mitgliederversammlung läßt sich nicht ausräumen, da sie ein notwendiges Organ ist. Dies ergibt sich besonders daraus, daß die Bestimmungen §§ 27, II, 36 und 37 der Mitgliederversammlung ein Recht zur Beeinflussung der geschäftsleitenden Tätigkeit des Vereins sichert (Staudinger-Coing gegen Planck-Knoke). Es wird an dieser Stelle mit Recht bemerkt, daß den *Mitgliedern* ein unentziehbares Recht zustehe, ihre Ansicht zu den in Rede stehenden Vereinsangelegenheiten in der genannten Versammlung zur Erörterung zu bringen. Der Meinung, daß die Mitgliederversammlung völlig entfallen könne, läßt sich daher nicht beitreten. Eine andere Sache ist es, daß an ihrer Stelle eine Versammlung von Delegierten tritt, wofür sich ein Bedürfnis aus einer weiten Verzweigung des Mitgliederkreises ergeben kann.

d) Der Vorstand

Als die Hauptaufgabe der Mitgliederversammlung wird die Regelung der Angelegenheiten des Vereins im Innenverhältnis angesehen. Hiermit ist einerseits das Verhältnis des Vereins zu seinen Mitgliedern, andererseits die Einsetzung und Überwachung der übrigen Vereinsorgane gemeint (siehe hierzu und zum folgenden Larenz, a.a.O., S. 139). In diesem Zusammenhang wird hervorgehoben, daß die Versammlung selbst zu schwerfällig sei, um Dritten gegenüber handeln zu können. Deswegen ist es Sache des Vorstandes, den Verein auf dem rechtsgeschäftlichen und prozessualen Gebiet zu vertreten. Die Vertretungsmacht des Vorstandes tritt hierbei wie eine äußere Kompetenz gegenüber der nach innen gewandten Zuständigkeit der Mitgliederversammlung in Erscheinung, wenngleich hinzugefügt wird, daß die Vertretungsmacht des Vorstandes nicht unbeschränkt ist, besonders nicht solche Geschäfte umfaßt, die außerhalb der Zweckgebundenheit des Vereins liegen. In diesem Gedankengang zeigt sich die Verbundenheit der Geschäftsführung des Vorstandes mit seiner Vertretungsmacht. Aber das Gesetz hat zu wenig erkennbar gemacht, worauf sich die Geschäftsführung des Vorstandes bezieht. Es ist nur allgemein festgelegt, daß auf seine Geschäftsführung die für den Auftrag geltenden Vorschriften der §§ 664 bis 670

BGB entsprechende Anwendung finden. Das Schrifttum beschränkt sich meist auf allgemeine Formulierungen, so z.b., daß zur Geschäftsführung alle Handlungen gehören, die der Vorstand für den Verein vornimmt (Palandt-Heinrichs, § 27, III). Nach einer anderen Formulierung umfaßt die Geschäftsführung jede nach innen oder außen wirkende Tätigkeit, die er im Interesse des Vereins ausübt.

Im Hinblick auf die Inhaltslosigkeit derartiger Definitionen ist es angebracht, die Geschäftsführung vom Zwecke des Vereins her zu bestimmen, in dem Sinne, daß eine „planmäßige Tätigkeit zur Förderung des Gesellschaftszweckes" innerhalb der Verwaltungsorganisation erforderlich ist (Larenz, Lehrbuch des Schuldrechts, II, 1977, S. 347). Hiermit ist die „Wahrnehmung aller die Gesellschaft angehenden laufenden Angelegenheiten" verbunden. Das Verhältnis der beiden Organe zueinander läßt sich nur dadurch sachlich abgrenzen, daß die Verschiedenheit der Aufgaben im einzelnen umrissen wird, wie es aus der Analogie zum Gesellschaftsrecht ersichtlich ist. Zu wenig wird darauf eingegangen, daß der Mitgliederversammlung eine rechtliche *Ordnungsaufgabe* innewohnt, denn sie ordnet, nach den Worten des Gesetzes, die Angelegenheiten des Vereins durch Beschlußfassung in einer Versammlung. Diese allgemeine Ordnungsfunktion ist es, die die Mitgliederversammlung von der Vorstandskompetenz abhebt. Sie bewegt sich von vornherein in einer höheren Verfassungsordnung, weil sie die *Satzungsgewalt* einschließt, was besonders bei Satzungsänderungen praktisch wird. Überdies entscheidet sie darüber, ob der Zweck zu ändern und der Verein aufzulösen ist. Ein weiterer Unterschied liegt darin, daß die Geschäftsführungstätigkeit laufend ist, und daß die Geschäfte ständig ineinander übergreifen, so daß eine Aufteilung im Sinne einer Zuweisung und Ressortierung erforderlich ist. Demgegenüber wird die Mitgliederversammlung nur auf Grund einer Einberufung, Tagesordnung und Antragstellung tätig. Die daraus resultierenden Verfahren sind mehr oder weniger zufällig, jedenfalls nicht in dem Sinne sachlich kontinuierlich, wie dies für die Geschäftsführung gilt. De lege ferenda sind Kontakte anzustreben, die ein Zusammenwirken zwischen den beiden Institutionen herbeiführen. In personeller Hinsicht kommen hierfür Obmänner, Vertrauensleute usw. in Betracht (wie nach österr. Recht). Alles dieses trägt dazu bei, die Formalisierung der Mitgliederversammlung abzuschwächen und die Konzeption ihres Wesens zu verinnerlichen.

e) Die Mitgliedschaft

Hierzu gehört, daß sie unter dem Gesichtspunkt der Integration von Mitgliedschaften aufgefaßt wird. Diese personalen Elemente können von Fall zu Fall verschieden ausgeprägt sein, mitunter ist der Verband überhaupt nur „in diesen Personen lebensfähig" (Lutter, AcP, 180, 89). Die Mitgliedschaft entwickelt sich in einer Gruppe von Personen, die sich in einen Wirkungszusammenhang eingegliedert haben. Dies entspricht der Konzeption eines Organismus. Der Personenverband wird in dieser Gedankenreihe als Zweckgemeinschaft verstanden.

Die Verhältnisse liegen ähnlich wie bei der Gesellschaft, aber doch wiederum insoweit anders, als eine körperschaftliche Verfassung zugrundeliegt. Das Unterscheidungsmerkmal bleibt jedenfalls bestehen, daß die Gesellschafter mit dem Gesellschaftszweck näher verbunden sind als erfahrungsmäßig die Vereinsmitglieder mit dem Vereinszweck. Die Mitgliederversammlung ist geeignet, eine Annäherung in verschiedener Hinsicht herbeizuführen. Um eine „mitgliedsrechtliche Förderpflicht" zu erreichen, sind Analogien zum Gesellschaftsrecht notwendig. Das System von Pflichten der Mitglieder entfaltet sich sowohl gegenüber dem Verein als auch unter den Mitgliedern persönlich, so daß eine rechtliche Sonderverbindung unter den Mitgliedern entsteht, was für die Konzeption der Mitgliederversammlung von Bedeutung ist (Lutter, a.a.O., S. 126, der von einer Pflicht zur Loyalität gegenüber der gemeinsam verabredeten Zweckverfolgung spricht). Die Mitgliedschaft ist ein vereinsrechtliches Gesamtphänomen, aus dem Einzelrechte hervorgehen, so das selbstverständliche Recht auf Teilnahme an den Vereinsversammlungen und die Ausübung des Stimmrechtes einschließlich des Wahlrechtes, ferner das Recht, Anträge zu stellen. Die Systematik des Vereinsrechts gliedert Organschaftsrechte und Wertrechte. Außerdem werden allgemeine Mitgliedschaftsrechte und Sonderrechte unterschieden.

Dem freien Eintritt des Mitgliedes steht der freie Austritt gegenüber, der die Mitgliedschaft beendet (Einschränkung in § 39). Durch den Austritt entzieht das Mitglied seine Mitgliedschaft der Einwirkung der Vereinsmehrheit (BGH 48, 210). Dieser kann bei wichtigem Grunde auch ohne Einhaltung einer satzungsmäßigen Kündigungsfrist zulässig sein (RGZ 130, 375, 378, H. Hübner, Allgemeiner Teil, S. 129). Ausgeschlossen kann ein Mitglied nur auf Grund einer Satzungsbestimmung werden, sofern sie nicht gegen das Gesetz oder die guten Sitten verstößt (BGH 21, 370). Ob auch ohne solche Satzungsbestimmung das Mitglied im Hinblick auf einen wichtigen Grund aus dem Verein ausgeschlossen werden kann, ist eher zu bestreiten. In diesem Falle kommt aber eine Kündigung nach den allgemeinen Grundsätzen für die Auflösung von langfristigen Schuldverhältnissen in Betracht.

f) Organschaft

Den Höhepunkt hat die Organtheorie in der Schadenshaftung für Organe erreicht. Das Stichwort ist „Organhaftung". Ratio legis ist, daß die juristische Person durch die Verwendung natürlicher Personen handlungsfähig wird, und daß sie für die Handlungsweise der Mittelspersonen und der Folgen in ähnlicher Weise verantwortlich sein soll wie die Menschen für ihre eigene Tätigkeit. Die Vorstellung einer Organhaftung hat sich später zu dem Gedanken „einer Repräsentantenhaftung rechtlich verselbständigter Organisation" entwickelt (zur Dogmengeschichte siehe zuletzt Reuter-Münch.Kommentar, § 31 Rnd. 1). Gemäß § 31 BGB haftet der Verein dem geschädigten Dritten wie für eigene Handlungen ohne die Möglichkeit der Entlastung. Neben der Haftung des Vereins besteht die persönliche Verantwortlichkeit des Organs dem Dritten gegenüber. Beide sind Gesamtschuldner (§ 840 BGB). Im Laufe der Zeit hat die Rechtsprechung den Begriff des verfassungsmäßig berufenen Vertreters, der in Ausführung der ihm zustehenden Verrichtung die schadensstiftende Handlung begangen hat, weit ausgelegt (grundlegend BGH 49, 21). Außerdem ist der Anwendungsbereich des § 31 durch die Lehre von der Unterlassung hinreichender Organisierung (Organisationsmangel) auf eine andere Weise ausgedehnt. Das Ergebnis ist nämlich, daß sich die juristische Person so behandeln lassen muß, als ob derjenige, der unsachgemäß nur als Verrichtungsgehilfe eingesetzt ist, als verfassungsmäßiger Vertreter angesehen werden muß (RG 157, 235, BGH 24, 213).

Hiermit wird eine Unterscheidung angedeutet, die vom Personenrecht, nämlich dem Vereinsrecht, auf das Deliktsrecht übergreift, denn die Haftung für den Verrichtungsgehilfen ist im § 831 geregelt. Allerdings tritt in diesem Falle die Ersatzpflicht nicht ein, wenn dem Geschäftsherrn die dort vorgesehene Entlastungsmöglichkeit gelingt (sog. Entlastungsbeweis). Die Konkurrenz der beiden Haftungstatbestände gibt zu systematischen Überlegungen Anlaß. Die Verantwortlichkeit der juristischen Person für die verfassungsmäßigen Vertreter nach § 31 BGB setzt die Verwirklichung eines Haftungstatbestandes voraus. In der weit überwiegenden Mehrzahl der Fälle hat dieser seinen Sitz im Deliktsrecht (§ 823 BGB). Die Subsumtion des Sachverhaltes, gleich ob auf der Ebene der Organ- oder Gehilfenhaftung, findet mithin auf der Grundlage deliktsrechtlicher Bestimmungen statt. Als weitere Erwägung kommt hinzu, daß die genannte vereinsrechtliche Norm im Anwendungsergebnis auf eine haftungsrechtliche Regelung hinausläuft. Schließlich nimmt sie sich im Gefüge der personenrechtlichen Normen erscheinungsmäßig als Fremdkörper aus. Unter diesen Umständen ist von einer Gesamtwürdigung her aus systematischen Gründen zu erwägen, ob § 31 in die Schadensersatzordnung, wohin auch immer, übernommen wird.

Gegen diesen Vorschlag kann allerdings geltend gemacht werden, daß die Vorschrift, die in Rede steht, durch die analoge Anwendung auf die Körperschaften des Handelsrechts und des öffentlichen Rechts eine Ausbreitung über die gesamte Rechtsordnung erfahren hat, so daß ihr rechtsgrundsätzlicher Charakter eine Normierung an einem übergeordneten Platze nahelegt.

g) Organschaft und Stellvertretung

Die Organtheorie hat im Vereinsrecht einen eigenartigen Dualismus hervorgebracht, weil die Rechtsfigur des Organs mit der des gesetzlichen Vertreters zusammenstößt. Das BGB geht davon aus, daß der Vorstand als Vereinsorgan gesetzlich vorgeschrieben ist (§ 26, I). Indem er den Verein gerichtlich und außergerichtlich vertritt, hat er zugleich die Stellung eines „gesetzlichen Vertreters". Dennoch wird er nicht als solcher behandelt, weil die Organstellung überwiegt. Dies hindert wiederum nicht, ihm eine Vertretungsmacht zuzuerkennen, und zwar ex lege, eine Kompetenz, die auf den Vereinszweck hin zugeschnitten erscheint. In diesem Aufbau spiegelt sich das *System der Stellvertretung* wider. Ausgangspunkt ist das rechtswirksame Handeln für andere. Auf dieser Basis wird zwischen rechtsgeschäftlicher und gesetzlicher Vertretung unterscheiden. Die Differenzierung ergibt sich im einzelnen nicht aus dem Gesetz, jedenfalls nicht aus dem Personenrecht. Hierbei ist zu bemerken, daß die Stellvertretung nach dem Aufbau des Allgemeinen Teiles eine Einrichtung der Rechtsgeschäftslehre ist. Von der Seite der gesetzlichen Vertretung her wird ihre *personenrechtliche* Bedeutung ersichtlich. Es handelt sich sowohl um einzelpersonenrechtliche Positionen als auch um familienrechtliche Anwendungsfälle. In letzter Hinsicht sind die Beispiele der elterlichen Gewalt, der Vormundschaft und Pflegschaft zu nennen (§§ 1629, 1793, 1909). Was die einzelpersonenrechtliche Funktion der Stellvertretung angeht, so liegt sie zuerst im Vereinsrecht, wo das Verhältnis der Organschaft zur Stellvertretung zu erläutern ist. Hinsichtlich der Abgabe von Willenserklärungen Dritten gegenüber besteht zwischen Organschaft und Stellvertretung kein Unterschied. Was die Vertragsverletzung und Delikte angeht, so wird die Tätigkeit der Organe der juristischen Person selbst zugerechnet.

Vom rechtsvergleichenden Standpunkt aus betrachtet, hat sich die Organtheorie nicht überall durchzusetzen vermocht (siehe hierzu Müller-Freienfels, Stellvertretungsregelungen in Einheit und Vielfalt, Rechtsvergleichende Studien zur Stellvertretung, Ffm. 1982, S. 291 ff., 326, 371).

5. Stiftungsurkunden

a) Österreich

I. Name der Stiftung:
   Dr. Anton Oelzelt-Newin'sche Stiftung bei der Österreichischen Akademie der Wissenschaften.

   Stiftungszweck:
   1) Förderung und Unterstützung von wissenschaftlichen Arbeiten im mathematisch-naturwissenschaftlichen Bereich, insbesondere durch Vergabe von Preisen für schon geleistete wissenschaftliche Forschungen, durch Zuschüsse für die Drucklegung wissenschaftlicher Arbeiten, durch Vergabe von Stipendien und Beihilfen, durch die wissenschaftliche Forschungsarbeiten oder Forschungsreisen unterstützt und gefördert werden sollen, und durch den Ausbau der Forschungsmittel der Akademie
   2) Erhaltung der Grabstätte der Familie Oezelt

   Begünstigter Personenkreis:
   Zu 1) Mathematiker und Naturwissenschaftler
   Zu 2) Die Familie Oelzelt

   Genehmigungsbehörde: Amt der Wiener Landesregierung
   Genehmigungsjahr: 1970

74　Vierter Hauptteil: Vereine und Stiftungen

Es handelt sich um die Kombination einer Stipendien- und Beihilfenstiftung mit einer Familienstiftung.

(Auszug aus der Übersicht von Bundes-Stiftungen im „Handbuch des österreichischen Stiftungs- und Fondswesens" v. O. Stammer, Eisenstadt 1983, S. 520).

II. Name der Stiftung:
Karoline Prager-Stiftung für jüdische Waisenkinder

Stiftungszweck:
Betreuung (Unterbringung) bedürftiger jüdischer Waisenkinder in einem österreichischen Waisenkinderheim und Gewährung von Geldleistungen an bedürftige in Österreich oder Israel lebende jüdische Waisenkinder

Begünstigter Personenkreis:
Bedürftige in Österreich oder Israel lebende Waisenkinder. Jüdische Waisenkinder mit österreichischer Staatsbürgerschaft sind bevorzugt zu berücksichtigen

Genehmigungsbehörde: Bundesministerium für Inneres
Genehmigungsjahr: 1968
siehe Stammer, a.a.O., S. 522.

III. Name der Stiftung:
Dr. Theodor Regensburger-Stiftung

Stiftungszweck:
Förderung der Ausbildung (Fortbildung) von begabten Krankenschwestern, die nach Möglichkeit im Rahmen der Tätigkeit des Vereines „Rudolfiner-Verein Rotes Kreuz" zur Erbauung und Erhaltung eines Pavillon-Krankenhauses behufs Heranbildung von Pflegerinnen für Kranke und Verwundete in Wien 18, Billrothstr. 58 erfolgen soll.

Begünstigter Personenkreis: Krankenschwestern

Genehmigungsbehörde: Bundesministerium für Inneres
Genehmigungsjahr: 1973
siehe Stammer, a.a.O., S. 523.

IV. Name der Stiftung:
Hofrat Dipl. Ing. Wilhelm Riedl-Stipendienstiftung für Hörer der Studienrichtung Bauingenieurwesen der Technischen Hochschule in Wien (Hofrat Riedl-Stiftung).

Stiftungszweck:
Verleihung von Stipendien an ordentliche Hörer der Studienrichtung Bauingenieurwesen der Technischen Hochschule in Wien.

5. Stiftungsurkunden

Begünstigter Personenkreis:
Bedürftige, unbescholtene, ordentliche Hörer der Studienrichtung Bauingenieurwesen der Technischen Hochschule in Wien mit österreichischer Staatsbürgerschaft und günstigem Studienerfolg.

Genehmigungsbehörde: Amt der Wiener Landesregierung
Genehmigungsjahr: 1971
siehe Stammer, a.a.O., S. 524

V. Name der Stiftung:
Reinhold und Anna Rostock'sche Jungbauernstiftung

Stiftungszweck:
Nach Maßgabe der jeweils verfügbaren Stiftungserträgnisse deutschblütigen, strebsamen, gut berufenen jungen Männern ohne Unterschied des religiösen oder politischen Bekenntnisses, die Bauern werden wollen

a) die gründliche und theoretische praktische Ausbildung zum Bauern, insbesondere Bergbauern, in landwirtschaftlichen Schulen und Lehrgängen, sowie als Lehrlinge auf einem hierfür zugelassenen Bauernhof durch Gewährung von Freiplätzen oder Geldbeihilfen (Stipendien) und durch fortlaufende Überwachung und Unterstützung bis zum Freisprechen als Jungbauern zu ermöglichen;

b) zur Anspornung ihres Lehreifers und zur Erleichterung der Überwachung ihres Fortganges entsprechende Geldpreise für besonders gute Leistungen in einzelnen Unterrichtsfächern und oder in der Gesamtführung auszusetzen. Die Vergebung dieses Preises soll im Einvernehmen mit der Leitung der landwirtschaftlichen Schulen, in welchen der Stiftling studiert, erfolgen;

c) für nachstehend angeführte landwirtschaftliche Zwecke Darlehen in der jeweils erforderlichen Höhe zu gewähren:

I. zur Erwerbung, Einrichtung und Ausstattung eines den Lebensunterhalt einer Bauernfamilie gewährleistenden Bauernhofes besonders Bergbauernhofes, soweit dem Bewerber hierfür Beihilfen aus öffentlichen Mitteln nicht oder nicht in ausreichender Höhe erlangbar sind, insbesondere zu den als Bedingung für die Gewährung öffentlich rechtlicher Beihilfen für diesen Zweck in der Regel verlangten Nachweis entsprechender Eigenmittel des Jungbauern. Der Bewerber hat vorher durch staatsgültige Zeugnisse den Nachweis der ordnungsgemäßen Ausbildung gemäß Punkt a) und der Erfüllung der sonstigen für die selbständige Führung eines Bauernhofes jeweils gesetzlich geforderte Voraussetzungen zu erbringen. Oder

II. zur Überwindung unverschuldeten, größeren Notstandes von bereits seßhaft gewordenen Jungbauern durch Mißernte, Viehseuchen, Schadenfeuer oder andere Unglücksfälle,

III. zum wirtschaftlich gebotenen Zukauf von Grundstücken zwecks Erweiterung der notwendigen Futterbasis oder Anbauflächen, zur Ergänzung des toten oder lebenden Inventars, insbesondere zur Anschaffung von Maschinen oder Traktoren;

d) durch jährliche Zusammenkünfte, Abhaltung von Fortbildungslehrgängen, Erteilung von Ratschlägen fortlaufend in der Bewirtschaftung ihres Hofes zu unterstützen.

Genehmigungsbehörde: Amt der Salzburger Landesregierung
Genehmigungsjahr: 1959
siehe Stammer, a.a.O., S. 526.

VI. Name der Stiftung:
Prof. Dr. Hugo Schardt'sche Malvinenstiftung

Stiftungszweck:
Die Stiftung soll einem gemeinnützigen, wohltätigen Zweck dienen, mit dem eine Förderung der wissenschaftlichen Studien verbunden ist.

Begünstigter Personenkreis:
Mittellose Forscher

Genehmigungsbehörde: Amt der Steiermärkischen Landesregierung
Genehmigungsjahr: 1929
siehe Stammer, a.a.O., S. 527

VII. Name der Stiftung:
Karl Seitz-Stiftung

Stiftungszweck:
1) Gewährung von Stipendien für das Studium in der Oberstufe der allgemeinbildenden oder berufsbildenden höheren Schulen und/oder Hochschulen und Universitäten
2) Gewährung von Stipendien an Akademiker mit abgeschlossenem Studium zum Zwecke der weiteren Ausbildung und Forschung in ihrer Studienrichtung

Begünstigter Personenkreis: ergibt sich aus dem Stiftungszweck

Genehmigunsbehörde: Amt der Wiener Landesregierung
Genehmigungsjahr: 1952
siehe Stammer a.a.O., S. 530.

VIII. Name der Stiftung:
Dr. Alois Sonnleitner-Stiftung bei der österreichischen Akademie der Wissenschaften

Stiftungszweck:
Erforschung der Ursachen der Krebskrankheit durch Verteilen von Eh-

renpreisen und Forschungsbeiträgen. Förderung der wissenschaftlichen Untersuchung über die Krebskrankheit

Begünstigter Personenkreis: Österreicher und deutsche Staatsbürger
Genehmigungsbehörde: Reichsstatthalter in Wien
Genehmigungsjahr: 1943
siehe Stammer, a.a.O., S. 351.

IX. Name der Stiftung:
Theresianisches Damenstift in Innsbruck
Stiftungszweck:
Versorgung armer (adeliger) Damen mit Wohnung und Pfründe
Begünstigter Personenkreis:
Arme, röm. kath. tugendhafte (frühere weitere Voraussetzung: adelige) Damen, welche das 24. Lebensjahr vollendet haben und die österreichische Staatsbürgerschaft besitzen, in erster Linie aus Tirol. Seit dem Inkrafttreten des Gesetzes über die Aufhebung des Adels allgemeine Fürsorgestiftung

Genehmigungsbehörde: Stiftungs-Hofkommission
Genehmigungsjahr: 1765
siehe Stammer, a.a.O., S. 533.

X. Name der Stiftung:
Carl Michael Ziehrer-Stiftung
Stiftungszweck:
a) Förderung von Studierenden an öffentlichen oder privaten Musiklehranstalten, sowie bedürftige Musiker und Komponisten;
b) Pflege und Verbreitung der Werke Carl Michael Ziehrers durch Gewährung von Stipendien, Unterstützungen und einmalige Zuwendungen

Begünstigter Personenkreis:
Besondere Würdigkeit und Bedürftigkeit in Österreich wohnender Studierende, Musiker und Komponisten ohne Rücksicht auf deren Staats- und Volkszugehörigkeit, Glaubensbekenntnis und Geschlecht. (Primäre Berücksichtigung der Interessen bzw. Verdienste der zu Bedenkenden um die Pflege und Verbreitung der Werke Ziehrers und allenfalls der Wiener Musik)

Genehmigungsbehörde: Wiener Magistrat
Genehmigungsjahr: 1935
siehe Stammer, a.a.O., S. 540.

b) Schweiz (Erläuterte Urkundenauszüge)

I. In der Darstellung der einzelnen Erfordernisse der Stiftung nach schweizerischem Recht hält Gutzwiller die Ausscheidung bestimmter Teile aus dem Vermögen des Stifters für erforderlich. Eine derartige Abtrennung findet in verschiedenen Formen statt. (So z. B. durch Übergabe an einen Treuhänder oder Errichtung eines Bankkontos.) Er erwähnt das Testament des Chr. Merians vom 26.3.1857. Die betr. Zuwendungen dienen der Erleichterung der Aufgaben der städtischen Gemeinde, von deren Vermögen die gestifteten Güter getrennt bleiben sollen. Diese sollen nicht veräußert werden. Die Erträgnisse kommen nach der Anordnung des Stifters den städtischen Armenhäusern zugute. Eine andere Art der Verwendung wird ausgeschlossen (Max Gutzwiller, Die Stiftungen, in: Das Recht der Verbandspersonen, in: Schweizerisches Privatrecht, Bd. II, Basel 1967, S. 427 ff. (Grundsätzliches) und S. 571 ff. Die Stiftungen, hier S. 579 ff.).

II. Ein weiteres Beispiel bringt die Abtrennung zum Ausdruck. Es handelt sich um die Stiftungsurkunde „Gemäldesammlung Oskar Reinhart" vom 10.10.1940, der einen Teil seiner privaten Gemäldesammlung zu dem Zweck widmet, ihn dauernd zusammenzuhalten und der Öffentlichkeit zugänglich zu machen, und zwar ohne lokale Begrenzung. Später gibt der Stiftungsrat bekannt, daß das vom Stifter für den genannten Zweck errichtete Gebäude bezugsbereit ist (Gutzwiller, a.a.O., S. 581).

III. Im Rahmen der Erläuterung der „unselbständigen Stiftung" (S. 612 ff.) behandelt der Genannte die Schenkung unter Auflage, indem er vorausschickt, daß es sich dabei „ihrer Bestimmung und ihrer Funktion nach" dennoch um eine echte „Stiftung" handele. Es geht um einen „Jubiläumsfonds", dessen Trägerin die „Freiwillige akademische Gesellschaft der Stadt Basel" ist. Die Sammlung geht auf eine „500-Jahrspende" anläßlich des fünfhundertjährigen Bestehens der Universität zurück. Der Fonds wird besonders verwaltet. Das Kuratorium, das sich aus Vertretern von Behörden und der Wirtschaft zusammensetzt, entscheidet über die Art der Mittelverwendung. Die erwähnte Gesellschaft übernimmt die Verpflichtung, das Vermögen im Interesse der Universität zu verwalten (S. 613 Anm. 36; siehe BGE 75 I, 1949, S. 271).

IV. Der begrifflichen Trennung von „Stiftungsurkunde und Stiftungsstatut" dient die Organisation der „Stiftung für wissenschaftliche Forschung an der Universität Zürich" (S. 583 Anm. 21). Die Urkunde legt die Verwaltung und Verwendung im allgemeinen fest. Die Regelung im einzelnen findet im Statut (Satzung) statt. Das Kuratorium ist das oberste Organ, der Vorstand verwaltet die Stiftung. Ähnlich ist die „Marcel Benoist-

5. Stiftungsurkunden

Stiftung" (1920) aufgezogen. Die Organisation ist hier bereits in die Urkunde verlegt (Gutzwiller, a.a.O., Anm. 21).

V. Was die „Organe" der Stiftung betrifft, so sind die Darlegungen in Anmerkung 22/23 aufschlußreich. Von ihnen ist oft in der Urkunde und den Statuten die Rede. Der Vorstand bereitet zu Händen des Kuratoriums die Geschäfte vor, das über die Verwendung der Mittel entscheidet, oder die Stiftung wird von einem Stiftungsrat verwaltet. Im Begriff „Kuratorium" schimmert „cura bonorum" durch.

VI. Die „Sparkasse Basel" ist eine von einer gemeinnützigen Gesellschaft (siehe unten) errichtete Stiftung, die u.a. den Zweck verfolgt „den Sparsinn durch Annahme von Ersparnissen bis zu einer mäßig bemessenen Höchstsumme zu fördern und diese Ersparnisse sicher anzulegen". Gemäß der Stiftungsurkunde ist die Stiftung gehalten, die Hälfte des Reingewinnes zur „Äufnung" des Reservefonds u.ä. zu verwenden, wohingegen die Stifterin (Gesellschaft zur Förderung des „Guten und Gemeinnützigen") selbst über die Verwendung der anderen Hälfte dem Antrag der Stiftungsverwaltung gemäß zu befinden hat (Urkunde zitiert nach H. M. Riemer, Die Stiftungen, Berner Kommentar, Bd. V/3, Bern 1975, S. 249, Rdn. 398, Rdn. 11).

VII. In der Urkunde betreffend die „Stiftung des stadtzürischen Nutzungsgutes" von 1892/93 (Ziffer 5), wird über die Nutzung des Vermögens, zu dem die Waldungen der damaligen Bürgergemeinde der Stadt Zürich gehören, bestimmt, daß diese „im Sinne der Erhaltung und Sicherung des Waldbestandes zu bewirtschaften sind, um neben schönen Forsten einen nachhaltigen Ertrag und dessen günstige Verwerthung zu erzielen". Nach Ziffer 6 ist die Stiftung dazu bestimmt, „Aufgaben der Kultur zu erfüllen, welche die Pflege idealer Güter und humaner Bestrebungen zu sichern und zu fördern geeignet sind". Gemäß Ziffer 7 sind die Erträgnisse der Stiftung (jedenfalls zur Hälfte) im Interesse der Kunst und Wissenschaft zu verwenden (Sammlung der Gemeindebeschlüsse der Stadt Zürich, 7. Band, Zürich 1892, S. 290 ff.; zit. nach Riemer, a.a.O., Nr. 398 als Beispiel von Unternehmensstiftungen).

VIII. Die Hauptaktionärin der „Allgemeinen Treuhand AG" in Basel ist die „Dr. Manfred Hoesly-Stiftung; die seit 1971 ebendort ihren Sitz hat. Diese strebt die Vorsorge für die Mitarbeiter jener Gesellschaft an, und zwar durch „Ausrichtung finanzieller Leistungen" ... und „indem sie die Aktionärrechte der Allgemeinen Treuhand AG derart ausübt, daß das Gedeihen der Unternehmung auf die beste mögliche Weise gewährleistet wird" (Ziffer 3 A der Stiftungsurkunde).

Weiter ist in der Urkunde vorgesehen, daß die Aktionärrechte in der

Generalversammlung durch den Stiftungsrat in der Weise wahrzunehmen seien, daß dadurch direkt oder indirekt der Stiftungszweck jener „Vorsorge erfüllt wird", und daß der Stiftungsrat dafür zu sorgen habe, daß die Stiftung Mehrheitsaktionär bleibe und weitere Aktien der Treuhand AG erwerbe. Die Mitglieder des Stiftungsrates werden der Organisation der AG entnommen (Riemer, a.a.O., S. 251, Nr. 21). Die Stiftung ist Hauptaktionärin.

IX. Das Hauptbeispiel für den Unternehmens-Stiftungstyp nach schweizerischem Recht ist die maßgebende Beteiligung der Stiftung an einer GmbH (BGE 75, II, 81 ff.). Es geht hier um die Sicherung des weiteren Bestandes der GmbH durch Einflußnahme der Stiftung auf die Geschäftsleitung. Hiermit ist der weitere Zweck verbunden, daß aus den Erträgnissen des Vermögens der Stiftung Leistungen an bestimmte Familienangehörige erbracht werden sollen. (Zur Problematik siehe Riemer, a.a.O., S. 246, Rdn. 396-398. Zur Rechtsfigur der Unternehmensstiftung nach schweizerischem Recht siehe Meier-Hayoz-Forstmoser, Grundriß des schweizerischen Gesellschaftsrechts, 2. Aufl., 1968, S. 58, wo erhebliche Bedenken geltend gemacht werden).

X. Hinsichtlich der sog. Schenkungen unter Auflage, gedacht als unselbständige Stiftungen, bringt Riemer einige Beispiele, so u.a. die Schenkung an die Eidgenossenschaft, mit der Auflage, aus dem Ertrag Werke der bildenden Kunst zu finanzieren (AS 1948, S. 547 ff.). Allerdings wird dabei von „Zweckschenkungen" gesprochen, weil der „Verwendungszweck" der eigentliche Rechtsgrund der Schenkung sei (siehe Riemer, a.a.O., S. 263, Rdn. 425).
(Das schweizerische Stiftungsrecht weist im Volksleben eine vielseitige örtliche Verwurzelung auf, ist daher in der allgemeinen Rechtsauffassung und Rechtsdogmatik tief gegründet.)

c) Bundesrepublik Deutschland

I. Die Satzung des Stifterverbandes für die Deutsche Wissenschaft (eingetragen im Vereinsregister des Amtsgerichts Frankfurt a.M., Fassung vom 13.4.1978) lautet im Auszug folgendermaßen:

§ 1 ... Der „Stifterverband" hat sich die Förderung der Wissenschaft und Technik in Forschung und Lehre und die Förderung des wissenschaftlichen und technischen Nachwuchses zur Aufgabe gestellt. Diesem Zweck dienen auch Maßnahmen, die geeignet sind, die Öffentlichkeit zur Förderung von Wissenschaft und Technik anzuregen.

Einkünfte und Vermögen dürfen nur zu diesen gemeinnützigen Zwecken verwendet werden. Empfänger der Mittel des „Stifterverbandes"

5. Stiftungsurkunden

sollen in erster Linie die als gemeinnützig anerkannten Einrichtungen und Organisationen der Wissenschaft und Technik sein, wie z. B. die Deutsche Forschungsgemeinschaft, die Max-Planck-Gesellschaft, der Deutsche Akademische Austauschdienst, die Studienstiftung des deutschen Volkes, die wissenschaftlichen Hochschulen und wissenschaftlichen Institute sowie Wissenschaftler und Gelehrte. Ein wirtschaftlicher Nutzen darf dem Empfänger nicht entstehen ...

§ 2 Der „Stifterverband" hat seinen Sitz in Frankfurt a. M. Er ist in das Vereinsregister beim Amtsgericht zu Frankfurt a. M. eingetragen.

§ 3 Die Mittel zur Erfüllung des Zweckes des „Stifterverbandes" sollen aufgebracht werden durch

a) Beiträge der Mitglieder
b) Sammlung von Sonderspenden
c) Stiftungen, Sachspenden, letztwillige Verfügungen und dergleichen.

§ 4 Die Mitglieder des „Stifterverbandes" können Organisationen, Unternehmen sowie Einzelpersonen werden ...

Die Mitgliederversammlung kann um die Wissenschaft verdiente Personen zu Ehrenmitgliedern ohne Beitragspflicht und Personen mit besonderen materiellen Verdiensten um die Förderung der Wissenschaft zu Ehrenkuratoren ernennen. Beide haben Sitz und Stimme in der Mitgliederversammlung ...

§ 6 Organe des „Stifterverbandes" sind
a) die Mitgliederversammlung
b) das Kuratorium
c) der Vorstand
d) die Hauptverwaltung

§ 8 Das Kuratorium kann bis zu 100 Mitglieder umfassen, von denen etwa die Hälfte durch die Mitgliederversammlung gewählt wird. Die übrigen Mitglieder können vom Kuratorium kooptiert werden.

Darüber hinaus können Vertreter von Spitzenverbänden wissenschaftlicher und wirtschaftlicher Organisationen für die Dauer ihrer Amtsführung zu Mitgliedern des Kuratoriums berufen werden ...

Dem Kuratorium obliegt die Entgegennahme des Jahresberichtes, die Beschlußfassung über die Abnahme der Jahresrechnung und die Entlastung des Vorstandes. Es ist fernerhin zuständig für alle Angelegenheiten, die ihm vom Vorstand vorgelegt oder von der Mitgliederversammlung zugewiesen werden ...

§ 9 Der Vorstand besteht aus dem Vorsitzenden, zwei Stellvertretenden Vorsitzenden, dem Schatzmeister, die das Präsidium bilden, sowie bis zu weiteren 20 gewählten Mitgliedern. Dem Vorstand gehören ferner von Amts wegen die Vorsitzenden der Landeskuratorien des „Stifterverbandes" sowie die jeweiligen Präsidenten der Deutschen Forschungsgemeinschaft, der Max Planck-Gesellschaft zur Förderung der Wissenschaften, des Bundesverbandes der Deutschen Industrie, der Bundesvereinigung der Deutschen Arbeitgeberverbände und des Deutschen Industrie- und Handelstages an.

Das Kuratorium wählt den Vorstand einschließlich Stellenbesetzung ...
Der Vorstand hat die Geschäfte zu führen nach Maßgabe der Satzung sowie der Beschlüsse des Kuratoriums ... Der Vorsitzende des Vorstandes ist zugleich Vorsitzender aller Organe des „Stifterverbandes" ...
(Einen ähnlichen Zweck wie der obige Verband verfolgt die Stiftung „Volkswagenwerk", die von der BRD und dem Land Niedersachsen gemeinsam als privatrechtliche Stiftung gegründet ist).

Erläuternde Bemerkung
Grundsätzlich besteht eine Stiftung nicht aus einem Personenverband, ihr Zweck läßt sich aber unter Umständen durch einen Idealverein, wie in obigem Fall, verwirklichen. Es handelt sich um die Verwendung der Korporation zu Stiftungszwecken, die dem jeweiligen Willen der Mitglieder angepaßt werden. Ihre Mitgliedschaftsrechte aus dem Verband üben sie nur unter Bindung an den satzungsmäßig niedergelegten Stifterwillen aus. Die Körperschaft ist jedoch nicht als Fiduziar einer nicht rechtsfähigen Stiftung anzusehen. (Zur dogmatischen Konstruktion siehe Soergel-Neuhoff, Komm. z. BGB vor § 80, Rdn. 37 ff.; Reuter a.a.O., vor § 80, Rdn. 32; die mit der Stiftung angestrebten Zwecke können auch durch eine G.m.b.H. verfolgt werden, Staudinger-Coing, Vorb. zu §§ 80-88, I 5). Der Stifterverband verwaltet treuhänderisch Stiftungen, Stiftungsfonds und Vereine (Beispiel: Stiftungsfonds Deutsche Bank zur Förderung der „Wissenschaft in Forschung und Lehre").

II. Auszüge aus Stiftungsgesetzen der Länder

VO z. AV z. bayerischen StG v. 26. November 1953 (Bay BS II, S. 661) v. 22.8.1958 (GVBl. S. 238)

§ 2 Nicht unter das Stiftungsgesetz fallen die Stiftungen ohne eigene Rechtspersönlichkeit, die sog. nichtrechtsfähigen oder fiduziarischen Stiftungen, bei denen das St.vermögen durch Rechtsgeschäft unter Lebenden oder durch Verfügung von Todes wegen einem Treuhänder, meist einer juristischen Person, insbesondere einer rechtsfähigen St., mit der schuldrechtlichen Verpflichtung, die stiftungsgemäßen Leistungen zu erbringen, übertragen ist (vgl. §§ 525, 2192 BGB).

§ 3 Zu den nichtrechtsfähigen Stiftungen zählen auch die Zustiftungen. Das sind Zuwendungen vom Grundstockvermögen einer rechtsfähigen St., die häufig mit einer Auflage für die aufnehmende St. verbunden sind. Der Zweck dieser Auflage kann auch über den Zweck der bedachten (Haupt-)Stiftung hinausgehen oder sich sonst von diesem unterscheiden. Das Stiftungsgesetz ist auf solche Stiftungen ohne eigene Rechtspersönlichkeit nicht anzuwenden ...

§ 4 Das Stiftungsgesetz unterscheidet mit Rücksicht auf den Zweck der St. öffentliche und nichtöffentliche (private) St. Öffentliche St. sind alle St. des öffentlichen Rechts und jene St. des bürgerlichen Rechts, deren

Zwecke mindestens teilweise im öffentlichen Interesse liegen, weil sie in irgendeiner Form dem Gemeinwohl dienen (Art. 1 Abs. 3 StG)...

Von den öffentlichen St. unterscheiden sich die ausschließlich privaten Zwecken gewidmeten rechtsfähigen St. des bürgerlichen Rechts, z.B. die Familienst.

Zu den Privatst. zählen auch solche Familienst., bei denen der Vermögensertrag ersatzweise einem später zu erfüllenden öffentlichen Zweck gewidmet ist. Sie erhalten erst zu diesem späteren Zeitpunkt den Charakter einer öffentlichen St. Die privaten St. unterliegen der staatlichen Genehmigung, wenn sie überwiegend öffentliche Zwecke verfolgen (Art. 3 I StG). Nach der Art der Verwaltung und der Zuständigkeit der Aufsichtsbehörde sind zu unterscheiden: staatlich verwaltete, kommunale, kirchliche und allgemeine Stiftungen.

§ 5 Für den Rechtscharakter einer Stiftung des öffentlichen Rechts ist bestimmend der ausschließlich öffentliche Zweck und der organische Zusammenhang mit einer der in Art. 1 Abs. 2 StG. genannten Körperschaften des öffentlichen Rechts.

Niedersächsisches Stiftungsgesetz v. 24. Juli 1968 (Nds. GVBl. S. 119)
§ 2 Auslegungsgrundsatz
Bei der Anwendung dieses Gesetzes ist der Stifterwille in erster Linie maßgebend.

§ 4 Genehmigung
(1) Die Stiftungsbehörde erteilt die zur Entstehung einer Stiftung nach § 80 BGB erforderliche Genehmigung.
(2) Eine Stiftung darf nur genehmigt werden, wenn die Verwirklichung des Stiftungszwecks nachhaltig gesichert erscheint.

§ 5 Stiftungssatzung
(1) Jede Stiftung muß eine Satzung haben.
(2) Die Satzung muß Bestimmungen enthalten über den Namen, Sitz Zweck sowie das Vermögen und die Organe der Stiftung.
(3) Die Satzung soll Bestimmungen enthalten über
Anzahl, Berufung, Amtsdauer und Abberufung der Mitglieder der Stiftungsorgane, Geschäftsbereich und Vertretungsmacht der St. organe, Einberufung, Beschlußfähigkeit und Beschlußfassung der St.organe,
etwaige Rechte derer, die durch die Stiftung bedacht sind.
(4) Die St.behörde kann die Satzung, soweit sie nach den Absätzen 2 oder 3 unvollständig ist, bei der Genehmigung der Stiftung ergänzen, zu Lebzeiten des Stifters nur mit dessen Zustimmung.

§ 6 Verwaltung der Stiftung
(1) Das Stiftungsvermögen ist in seinem Bestand ungeschmälert zu erhalten ...

(2) Die Erträge des St.vermögens und Zuwendungen an die St. sind ausschließlich für den St.zweck zu verwenden. Sie dürfen der Vermögensmasse zugeführt werden, wenn es die Satzung vorsieht, oder wenn es zum Ausgleich von Vermögensverlusten erforderlich ist.
(3) Die Mitglieder der St.organe sind zur ordnungsmäßigen Verwaltung des St.vermögens verpflichtet,
(4) Die Verwaltungskosten sind auf ein Mindestmaß zu beschränken...

§ 7 Satzungsänderung, Zusammenlegung und Aufhebung durch Stiftungsorgane oder Dritte
(1) Wenn die Satzung dies vorsieht, oder wenn sich die Verhältnisse seit der Errichtung der St. wesentlich geändert haben, kann die Satzung geändert oder die St. mit einer anderen St. zusammengelegt oder aufgehoben werden. Satzungsänderungen, die den St.zweck nicht berühren, sind außerdem zulässig, wenn sie die ursprüngliche Gestaltung der St. nicht wesentlich verändern oder die Erfüllung des Stiftungszwecks erleichtern.
(2) Bei Maßnahmen nach Absatz 1 ist der erkennbare oder mutmaßliche Wille des Stifters zu berücksichtigen. Zu Lebzeiten des Stifters ist dessen Zustimmung erforderlich. In Rechte derer, die durch die St. bedacht sind, darf nicht eingegriffen werden.
(3) Maßnahmen nach Absatz 1 werden von den zur Verwaltung der St. berufenen Organen getroffen. Die Satzung kann andere Stiftungsorgane oder Dritte hierzu ermächtigen. Die Maßnahmen bedürfen der Genehmigung der Stiftungsbehörden.

III. Stiftungserklärungen und Satzungen

Private und öffentliche Stiftungen (Modelle)

aa) Privatrechtliche Stiftungen
„Ich errichte in meinen Häusern Stein am Markt 46/48 ein Heim für schwer erkrankte und elternlose Kinder. In dem Heim wird eine besondere Krankenabteilung eingerichtet werden. Die Kinder sind ohne Rücksicht auf ihre Nationalität und ihr religiöses Bekenntnis aufzunehmen."
(Es handelt sich um eine privatrechtlich errichtete öffentliche Stiftung, weil der Zweck gemeinnützig ist. Der Begriff der „öffentlichrechtlichen" Stiftung setzt zudem einen öffentlichrechtlichen Errichtungsakt voraus, BGH WM 1975, 198, 200).

„Für diesen Zweck spende ich 5 Millionen DM. Aus dem Ertrag dieses Vermögens sollen die Kosten der Einrichtung und des Betriebes des Heimes, insbesondere der Personalaufwand bestritten werden."

Satzung
Der Vorstand der Stiftung besteht aus drei Mitgliedern. Den Vorsitz übernehme ich vorerst selbst. Nach meinem Tode bestimmen die beiden anderen

Mitglieder, der Leiter des städtischen Krankenhauses, Dr. M. und der Kinderarzt Dr. S., der Leiter der Krankenabteilung sein wird, meine Nachfolge. Im übrigen regelt die Stiftungsbehörde die Zusammensetzung des Vorstandes in späterer Zeit und alle sonstigen Verwaltungsangelegenheiten.

bb) Unternehmensstiftung

§ 1 Name, Sitz, Rechtsform.

§ 2 Stiftungszweck
Die Stiftung fördert dauernd den Stiftungsbetrieb der „Elektrowerke Hamm, Inh. ... XY Stiftung". Das Ziel ist auf die Erhaltung und Erweiterung des Unternehmens gerichtet. Weitere Aufgaben sind finanzielle Unterstützungen von Forschungsarbeiten im Bereiche der Elektrotechnik und auf dem Gebiete der Ausbildung des beruflichen Nachwuchses. Sonstige Zwecke werden durch Übereinkunft des Vorstandes und der Unternehmensleitung beschlossen.

§ 3 Stiftungsvermögen
Das Stiftungsvermögen besteht aus dem Betriebsvermögen des Stiftungsunternehmens „Elektrowerke Hamm, Inh. ... XY Stiftung". Aus ihren Gewinnen verwirklicht die Stiftung den satzungsmäßigen Stiftungszweck.

§ 4 Stiftungsorgane
Organe der Stiftung sind der Vorstand, der die Stiftung vertritt und verwaltet, insbesondere die Stiftungsmittel verteilt. Soweit es sich um Angelegenheiten des Unternehmens handelt, wird die Stiftung von den Geschäftsführern vertreten.

§ 5 Unternehmensleitung
Der Vorstand schließt die Anstellungsverträge mit den Geschäftsführern, die das Unternehmen leiten, und zwar nach den vom Vorstand bestimmten Richtlinien. Dieser überwacht die Geschäftsführung des Stiftungsbetriebes. (Die weiteren Bestimmungen befassen sich mit der Zusammensetzung des Vorstandes, der Rechnungslegung, Stiftungsaufsicht und Satzungsänderung usw. § 8 ff.)
(Der obige Entwurf geht auf H. Ebersbach, a.a.O., S. 1161 ff. zurück. Auf das dortige Muster wird auch im übrigen Bezug genommen. nach § 5 der Mustersatzung besteht der Vorstand aus 3 Personen, die von der Familie des Stifters, von einer Technischen Hochschule und einer Industrie- und Handelskammer berufen werden.)

Erläuternde Bemerkungen
Im System der Unternehmensträgerstiftungen handelt es sich bei der obigen Mustersatzung um die Ausprägung, daß der „unmittelbare Betrieb" eines Unternehmens *nur das Mittel zur Verwirklichung anderweitiger Zwecke* ist. Sonstige Möglichkeit der Ausgestaltung ist die Gründung einer Stiftung auf dem Wege eines alleinigen oder mehrheitlichen „Anteilsbesitzes" an einer Kapitalgesellschaft (zu diesen Alternativen siehe Reuter, a.a.O., Rdn. 17 vor § 80). Dort ist noch der unmittelbare Betrieb eines Unternehmens als alleiniger Stiftungszweck als dritte Möglichkeit, die allerdings umstritten ist, erwähnt. (Literatur bei E. J. Mestmäker in:

„Verhandlungen des Deutschen Juristentages, Bd. 44, Sitzungsberichte G 1 ff., 1964, siehe bes. die Abhandlungen von Strickrodt, Ballerstedt, Neuhoff, Pleimes).

cc) Stiftung von Todes wegen

Nach der Errichtungsart betrachtet, unterscheidet das Gesetz zwischen dem Stiftungsgeschäft unter Lebenden und von Todes wegen. Die erstgenannte Gruppe bedarf der Schriftform (§ 81, I), die andere Art richtet sich nach der Verfügung von Todes wegen (Testament oder Erbvertrag) § 83, BGH 70, 322). Auch bei der erbrechtlichen Gestaltung ist eine Satzung niederzulegen. Dogmatisch gesehen sind, wie im Regelfall, die Stiftung von Todes wegen und die darauf ruhende Vermögenszuwendung zu unterscheiden. Die Stiftungsgründung vollzieht sich demnach dadurch, daß die Stiftung selbst als Erbin eingesetzt wird: „Ich errichte eine rechtsfähige Stiftung des bürgerlichen Rechts und setze sie *zu meiner Erbin* ein" (H. Ebersbach, a.a.O., S. 1159). Im Text folgen der Name, Sitz und Zweck der Stiftung, sowie die Art und Weise ihrer Verwaltung. Im Falle einer Erbeinsetzung erwirbt die in solcher Gestalt errichtete Stiftung das *Vermögen des Stifters als Gesamtnachfolger (§ 1922).*

Im Falle der Errichtung einer Stiftung durch Vermächtnis ist eine Zuwendung der bestimmten Gegenstände an die Stiftung als Vermächtnisnehmer erforderlich. Dieser erwirbt einen Anspruch gegen den Erben auf Leistung des vermachten Gegenstandes (§ 2174). Auf dieser Grundlage erfolgt die Zuwendung eines Vermächtnisses und des betreffenden Gegenstandes. „Ich errichte durch Vermächtnis eine rechtsfähige Stiftung des bürgerlichen Rechts." (siehe Ebersbach, a.a.O., S. 1160) Es folgt nunmehr die Zuwendung des vermachten Gegenstandes. Zusätzlich ist der vermachte Gegenstand näher zu bezeichnen, etwa ein im Grundbuch eingetragenes Grundstück. Hiermit verbindet sich die Zweckwidmung etwa der Wohnzweck des betreffenden Gebäudes, das auf dem vermachten Grundstück errichtet ist. Hieran knüpfen sich schließlich Verwaltungsbestimmungen, so die Einsetzung des Vorstandes, die sich mit erbrechtlichen Anordnungen, so im Falle einer Testamentsvollstreckung, überschneiden können.

Auf der einen Seite hat der Testamentsvollstrecker hiernach die Erbauseinandersetzung durchzuführen, auf der anderen Seite der Wohnheim-Stiftung eine Satzung zu geben. Wenn das Grundstück, wie im Beispielsfalle, als Wohnheim zu verwalten ist, erstreckt sich die Verwaltung der Stiftung auch auf dieses Wohnheim. In der Mustersatzung wird die Stiftung durch einen aus drei Personen bestehenden Vorstand verwaltet (siehe Ebersbach, a.a.O., S. 1160).

dd) Eine besondere Ausprägung der letztwilligen Errichtung ist die Familienstiftung, die meist mit erbrechtlichen Bestimmungen zusammenhängt.

Der Stifter bestimmt, daß sie dem Interesse seiner Familie oder einzelner Familienangehöriger, denen er Zuwendungen macht, dient. Er bestimmt z. B., daß aus seinem Geldvermögen Unterhaltsrenten an seine Söhne und Töchter zur Ausbildungs- oder zu Heiratszwecken laufend oder einmalig zu entrichten sind, sei es aus den Erträgnissen, sei es aus dem Stamm des Kapitals. Mit der Einsetzung der Familienstiftung als Erbin ist im allgemeinen die Anordnung einer Verwaltung verbunden.

„Ich bestimme, daß aus dem zum Stiftungsvermögen gehörenden Kapital von DM 200.000,- monatliche Renten zum Zwecke der Ausbildung und zum Zwecke der Verheiratung ein einmaliger Betrag zu entrichten sind.

Zum Stiftungsverwalter bestimmte ich Herrn Rechtsanwalt R. in S. Er legt die Höhe der Teilbeträge der Ausbildungs- und Aussteuerleistung in jedem einzelnen Falle der Höhe und der Dauer nach fest.

Das zum Stiftungsvermögen gehörige in G. gelegene Grundstück mit Wohnhaus (eingetragen im Grundbuch von G. Bd. 20 Bl. 30) unterliegt ebenfalls der Verwaltung des Genannten, der insoweit ferner Testamentsvollstrecker ist. Ihm obliegt die Verwaltung des Grundstücks, solange das Wohnhaus von meinen Angehörigen bewohnt wird.

Die Kosten der Erhaltung des Grundstücks und des Hauses sind vorerst aus dem erwähnten Kapital zu bestreiten, in späterer Zeit von meinen Angehörigen, die darin wohnen. Notfalls ist der Testamentsvollstrecker befugt, das Grundstück zu dem Zwecke der Erhaltung mit einer Hypothek zu belasten. Mein Bestreben ist jedenfalls darauf gerichtet, das Besitztum der Familie zu erhalten."

ee) Erbteilungs- und Veräußerungsverbot

Diese Familienstiftung impliziert ein *Erbteilungs- und Veräußerungsverbot* (§ 2044 BGB). Derartige letztwillige Anordnungen erzeugen keine dingliche Wirkung in dem Sinne, daß eine verbotswidrige vorgenommene Auseinandersetzung oder Veräußerung unwirksam sind. Sofern der Erblasser das Ziel anstrebt, die betreffenden Nachlaßgegenstände der Familie auf jeden Fall zu erhalten, kann er den Bestand des Familiengutes durch eine Familienstiftung sichern. Dieses wird nämlich dadurch einer juristischen Person übertragen, weshalb eine Zuwiderhandlung der Erben gegen das Verbot ausgeschlossen wird. Der Familiengutstifter ist in der Lage, durch eine Satzung Einzelheiten zu regeln. Durch die Anordnung einer Verwaltungstestamentsvollstreckung (§ 2209, Satz 1 BGB) kann der Erblasser erreichen, daß der Testamentsvollstrecker die Erbauseinandersetzung unterbindet (siehe BGH 56, 275 ff., Kegel, FS f. R. Lange, S. 927, 934; Brandner-Münch. Komm. § 2209 Rdn. 1).

Mit den Zwecken der Familienstiftung treffen oft andere zusammen, so z.B. kirchliche Stiftungen (gemischte Stiftungen). Zuweilen sind die Destinatäre nur dem Kreise nach bezeichnet (unpersönliche Stiftung), manchmal sollen sie nur dem Publikum zugutekommen (Staudinger-Coing, Vorb. vor §§ 80-88, Rdn. 15); zuletzt: Thomas Weckbach, Die Bindungswirkung v. Erbteilungsverboten, Schriften z. Bürgerlichen Recht, Band 107, Berlin, 1987.

ff) Stiftungen des öffentlichen Rechts

Nach der bayerischen Stiftungsgesetz-Ausführungsverordnung vom 22. August 1958 (GVBl. S. 238) ist für den Rechtscharakter einer Stiftung des öffentlichen Rechts der ausschließlich öffentliche Zweck bestimmend. Hinzu kommt der organische Zusammenhang mit einer Körperschaft des öffentlichen Rechts gem. § 5, II. Ein solcher besteht insbesondere, wenn der Staat, eine Gemeinde oder eine sonstige Körperschaft oder Anstalt des öffentlichen Rechts die Stiftung selbst verwaltet oder in den Stiftungsorganen maßgeblich vertreten ist, oder diese auf Grund eines Vorschlags oder Bestätigungsrechts ausschlaggebend besetzt werden, und wenn die Körperschaft oder Anstalt die Stiftung im Rahmen des Stiftungszwecks damit betraut, öffentliche, der Körperschaft oder Anstalt obliegende Aufgaben zu erfüllen, so daß die Stiftung selbst zu einer öffentlichen Einrichtung wird.

Mustersatzung

Die Stadt X errichtet eine Hochschule für Musik mit dem Sitz in X. Die Gründung findet durch eine Stiftung statt, die den Namen trägt „Stiftung zum Betriebe einer Hochschule für Musik in X".

Der Zweck der Einrichtung sind die Forschung und Lehre der Musikwissenschaft im allgemeinen und die Ausbildung in der Instrumentalmusik und dem Gesang. Zu dem Zweck gehören ferner laufende Veranstaltungen künstlerischer Art auf den genannten Gebieten innerhalb und außerhalb der Stadt X.

Die Mittel für die Errichtung und den Betrieb der Stiftungshochschule werden von der Stadt X und dem Staate im Gründungsstadium aufgebracht. Im späteren Stadium treten Zustiftungen von verschiedenen Seiten hinzu, besonders von anderen Gemeinden und kulturellen Einrichtungen sowie von Unternehmungen und Privatpersonen. Diese Mittel werden insgesamt von einem Sonderdezernat der Stadt X verwaltet, das den Namen trägt „Verwaltungsrat der Hochschule für Musik in X". Der Verwaltungsrat wird eine Satzung der Stiftung beschließen. Im Gründungsstadium setzt er sich aus folgenden Mitgliedern zusammen:

    dem Oberbürgermeister der Stadt X als Vorsitzender,
    dem Stadtkämmerer, der den Oberbürgermeister vertritt
      und das Stiftungsdezernat verwaltet,
      einem Vertreter des Kultusministeriums als der allgemeinen Aufsichts-
        behörde und der besonderen Stiftungsaufsichtsbehörde,
    Vertretern aller Einrichtungen, die Zuwendungen zur Errichtung und

Unterhaltung der Stiftungshochschule geleistet haben oder auf Grund von Zuwendungsversprechen leisten werden,
dem Rektor der Hochschule für Musik in X.

Der Verwaltungsrat kann die Aufnahme weiterer Mitglieder beschließen.

Der Rektor erstattet dem Verwaltungsrat jährlich Bericht über die Entwicklung der Hochschule sowie über die Einnahmen und Ausgaben, ferner legt er einen Voranschlag für das nächste Hochschuljahr vor. Der Stadtkämmerer leitet die Verhandlungen über diese Unterlagen und erstattet dem Stadtrat, vertreten durch den Oberbürgermeister, sowie dem Kultusministerium jährlich Bericht.

Der Verwaltungsrat hat die gesetzliche Genehmigung der Stiftung herbeizuführen.

d) Rechtspolitische Zusätze

aa) Die Grundnorm des Stiftungsrechts (§ 80 BGB) geht darüber hinweg, daß die Stiftung auf die Verwirklichung eines dauernden Zweckes gerichtet ist, der grundsätzlich unabänderlich durch den Stifterwillen bestimmt wird und als ein durch Organe handelndes Rechtssubjekt ins Rechtsleben tritt. Das Gesetz hält eine sofortige Ausstattung der Stiftung mit einem Vermögen nicht für erforderlich, der Stifter ist aber im Falle ihrer Genehmigung verpflichtet, das in dem Stiftungsgeschäft zugesicherte Vermögen auf die Stiftung zu übertragen. Die Regelung bringt den inneren Zusammenhang zwischen Widmung, Vermögen und Verwaltung nicht begrifflich zum Ausdruck (§ 82).

bb) Ferner fehlt der Hinweis auf die durch die Stiftung Begünstigten, die im Schrifttum meist als Destinatäre bezeichnet werden. § 87, II bringt allerdings mit Rücksicht auf die Umwandlung des Zweckes zum Ausdruck, daß dafür Sorge zu tragen ist, daß die Erträge des Stiftungsvermögens dem Personenkreise, dem sie zustatten kommen sollten, im Sinne des Stifters tunlichst erhalten bleiben. Der hierin wurzelnde Grundgedanke, daß die Widmung des Vermögens zu einem bestimmten Zweck regelmäßig einen begünstigten Personenkreis voraussetzt – sofern nicht die Allgemeinheit in unbestimmter Weise bedacht ist (Denkmalspflege) – hat im Laufe der Zeit eine derartige Tragweite für das Rechtsverständnis der Stiftung ausgelöst, daß er in der erwähnten Grundnorm niedergelegt werden sollte. Auch aus dieser Erwägung ist es notwendig, die zweckhafte Bindung der Stiftung und ihre Verwaltung im Gesetz festzulegen.

cc) Aus dem Kreis der Begünstigten lassen sich Schlüsse auf die Art der Stiftung ziehen, etwa aus der Begünstigung von Familienangehörigen auf die Familienstiftung. Bei ihrer Erwähnung handelt es sich indes nicht um den Ansatz einer Typologie. Im Grunde genommen gibt es kein überkommenes System der Stiftungen, es sei denn, man würde es aus der Verschiedenheit der Zwecke erschöpfend herleiten können. In dieser Hinsicht ist es zwar denkbar, daß die betreffende gesetzliche Ordnung von einem einheitlichen Stiftungszweck im Rechtssinne ausgeht und hieraus einzelne Rechtsformen entwickelt werden, was auch auf Landesebene geschehen kann. Eine solche Methode ist aber stets der Möglichkeit der Ergänzung ausgesetzt, was z. B. an der „Personalfürsorgestiftung" und „Unternehmensträgerstiftung" erkennbar geworden ist. Im Prinzip ist daher die Zweckordnung „offen". Vorbehalte sind allerdings dadurch denkbar, daß der Gesetzgeber die freie Gestaltung eindämmt, indem er nur gemeinnützige und mildtätige Stiftungsarten zuläßt (wie nach österreichischem Recht).

dd) Die deutsche Entwicklung des Stiftungsrechts hat sich nicht auf gemeinnützige Stiftungen beschränkt, sondern läßt auch privatnützige Stiftungen zu, was besonders aus der landesrechtlichen Regelung der Familienstiftung herzuleiten ist. Selbstverständlich ist die Einschränkung, daß mit der Errichtung von Stiftungen *kein Mißbrauch* getrieben werden darf. Von einer *Stiftungsfreiheit* im Sinne der Privatautonomie kann ohnehin nicht die Rede sein, weil die Aufgaben und Mittel der Stiftungsaufsicht von vornherein Interventionsmöglichkeiten schaffen. Im übrigen ist die Zweckordnung, so vielfältig sie auf den ersten Blick erscheint, dennoch an Traditionen gebunden, die bestimmte Zweckbereiche erkennen lassen.

Den Vorschlägen, die Errichtung der Stiftung dem Normativsystem und damit dem Eintragungszwang zu unterwerfen, wird zugestimmt. Die Wandlung würde bewirken, daß die Konzessionierung beseitigt werden würde. Der Eintragung in das Stiftungsregister geht unter unter einer solchen Annahme eine *richterliche Prüfung* der Stiftungserrichtung voraus, die die bisherige Nachprüfung durch die Verwaltungsbehörde ersetzt. Die richterliche Kontrolle würde sich auf alle Fragen der Zulassung der Stiftung erstrecken müssen, selbstverständlich auch was die Gesetzmäßigkeit der Stiftungsart angeht. Dies könnte z. B. im Falle einer Unternehmensstiftung, die lediglich auf den Betrieb eines Unternehmens gerichtet ist, zutreffen.

Rechtssystematische Bemerkung

Was das System des Personenrechts anbetrifft, so wird der eigenartige Charakter der Institution der Stiftung ohne weiteres ersichtlich. In ihrer Gesamtausstrahlung überschreitet sie den Rahmen des Personenrechts. Der Zusammenhang zwischen Stiftung und Stifter weist auf eine Lebenswirklichkeit hin, die über den Rahmen des Personenrechts hinausreicht und in die Nähe des Erbrechts rückt. Dies wird besonders nach dem Tode des Stifters oder nach dem Fortfall der von ihm eingesetzten Verwaltung sichtbar. Der Gesamteindruck des stifterlichen Waltens ist oft der Vorstellung ähnlich, daß der Testator „sein Haus bestellt". Dagegen ist nicht entscheidend, daß die Stiftung durch eine Verfügung von Todes wegen errichtet werden kann, weil sie auch durch ein Rechtsgeschäft unter Lebenden entsteht.

Nachwort

1. Die Fundamentalität des Personenrechts im Rechtssystem

Neuere Untersuchungen der fundamentalen Rechtsgrundsätze geben Veranlassung, die Materie des Personenrechts unter diesem Gesichtspunkt zu betrachten. Es geht dabei um den Versuch, die Funktionen, die dieses Rechtsgebiet im Rahmen der Rechtsordnung zu erfüllen hat, herauszuarbeiten. Die Frage ist aufzuwerfen, welche Interessen des Menschen gerade im Bereich des Personenrechts als die fundamentalsten zu gelten haben. Unlängst hat Bydlinski den Standpunkt eingenommen, daß auf rechtsnormativen Gebiete das Interesse des Menschen als Person anerkannt zu werden, das fundamentalste ist. Jeder Mensch ist hiernach als Rechtssubjekt bzw. als Person zu respektieren (F. Bydlinski, Fundamentale Rechtsgrundsätze, Zur rechtsethischen Verfassung der Sozietät, Wien-New York 1988, S. 176 ff.). Wie in der Rechtsphilosophie ausgeführt worden ist, treffen in dem Postulat die Personenqualität, das Prinzip der Menschenwürde und die Lehre des ethischen Personalismus zusammen (s.u.). Mit Recht wird es als selbstverständlich erachtet, daß die Rechtsfähigkeit jedes Menschen eine Notwendigkeit der Personenwürde aller Menschen ist. Das gleiche gilt für die Lebensgüter des Menschen. In Ansehung der Erhaltung des Lebens führt der Genannte aus: „Ein im vollen Sinn „menschliches" Leben setzt nicht bloß biologische Existenz, sondern ebenso die Existenz als Person im sozialkulturellen Raum voraus". (A.a.o., S. 179) Unterschieden wird daher zwischen dem Interesse am Leben in der biologischen Deutung und dem Interesse an der Existenz als Person, das für das grundlegende gehalten wird. Unter Bezugnahme auf Larenz wird der Lebensschutz als das Verhältnis der „wechselseitigen Achtung der Person" als rechtliches Grundverhältnis bezeichnet (Allg. Teil, S. 187). Die Perspektive ist zugleich öffentlichrechtlicher und privatrechtlicher Art. An dieser Stelle wird sichtbar, daß die Gesamtuntersuchung beide Rechtsbereiche in gleicher Weise ergreift.

Die Bedeutung des Personenrechts für das Rechtssystem im ganzen zeigt sich besonders an dem Phänomen der Rechtssubjektivität, die sich nicht nur auf die natürlichen und juristischen Personen des Privatrechts bezieht, sondern auch auf die Körperschaften und Anstalten des öffentlichen Rechts. Mit Recht ist deshalb gesagt worden, daß das Personenrecht gewissermaßen ein allgemeiner Teil der Rechtsordnung überhaupt sei, was allerdings nicht so verstanden werden darf, als ob hiermit der Allgemeine Teil des Bürgerlichen Gesetzbuches hervorgehoben werden soll.

1. Die Fundamentalität des Personenrechts im Rechtssystem

Es liegt auf der Hand, daß neben dem Leben die Gesundheit und Freiheit des Menschen sowie seine Ehre zu den fundamentalsten Interessen im Sinne der wiedergegebenen Lehre gehören. Der Satz, daß jeder Mensch Anspruch auf das größte Maß an persönlicher und wirtschaftlicher Freiheit habe, das „unter den jeweiligen Umständen mit der gleichen Freiheit aller anderen zusammen bestehen kann", löst allerdings die Frage aus, inwieweit wirtschaftsverfassungsrechtliche Normen eingreifen. Außerdem wird das grundrechtliche Prinzip der Handlungsfreiheit berührt.

Ein Kernstück der Lehre ist die normative Zuweisung von Gütern und Lasten (a.a.O., S. 291). Wichtig sind hierbei die Bewertungsmaßstäbe, die sich von der austeilenden Gerechtigkeit ableiten. Die Tragweite des Satzes, daß jedem Menschen das Existenzminimum an erforderlichen Gütern und Dienstleistungen zu sichern sei, bedarf noch einer Konkretisierung. Hierauf kann jedoch nicht näher eingegangen werden, weil die in Rede stehende Untersuchung an dieser Stelle in das Vermögensrecht übergreift, wohingegen hier nur das Personenrecht interessiert.

Die grundsätzliche Erörterung der Privatautonomie im Rechtsverkehr betrifft allerdings auch das Personenrecht, weil es sich um den Grundgedanken der Willensfreiheit des einzelnen handelt. Seine Schutzwürdigkeit ist es, die gerade vom personenrechtlichen Standpunkt in die Lehre von der Willensfreiheit einzubringen ist. In Betracht kommen namentlich die rechtlichen Normen über List, Zwang und Wucher. Außerdem sind in diesem Zusammenhange die personenrechtlichen Regelungen der Geschäftsfähigkeit anzuführen. Im Hintergrunde stehen schließlich die deliktsrechtlichen Normen, die den einzelnen schützen, wenn auf seinen freien Willen eingewirkt wird.

Ein Schwerpunkt des Personenrechts in seiner neueren Entwicklung ist das allgemeine Persönlichkeitsrecht geworden, und zwar besonders in seinen gesetzlichen anerkannten Einzelrechten und Konkretisierungen durch die Rechtsprechung. Am Inhalt einzelner solcher Rechte werden die Befugnisse des Rechtsträgers und die Eigenart der geschützten Rechtswerte deutlich, so z. B. die geistigen und persönlichen Beziehungen des Autors zu seinem Werke, wenn es sich um das Urheberpersönlichkeitsrecht handelt. Ferner ist der persönliche Schutzgedanke erkennbar bei der Schaustellung eines Bildes, durch die das Recht des Abgebildeten verletzt wird. Die Figur des Persönlichkeitsrechts hat *menschliche* Werte in das Personenrecht hineingebracht und auf diese Weise eine Verbindung zwischen dem farblosen Personenbegriff und dem Menschen hergestellt. Die Verarbeitung des Persönlichkeitsrechtes im Aufbau des Personenrechts stößt indes auf rechtssystematische Schwierigkeiten. Auf der einen Seite befindet sich die Gesetzessystematik in ihrer überkommenen Gestalt. Auf der anderen Seite entwickeln die Rechtsprechung und die Rechtsdogmatik Ansätze neuer Rechtsformen, die dem Lebensbereich des Menschen und damit der Rechtswirklichkeit zugeneigt sind. Je mehr die menschlichen Lebensverhältnisse in den Vordergrund der Beurteilung rücken, umsomehr ruht der Nachdruck auf der Fundamentalität *menschenrechtlicher* Einflüsse im System des Personenrechts.

2. Das Personenrecht im Verhältnis zu anderen Materien des Privatrechts

Im Rahmen der Erörterung der subjektiven Rechte ist in letzter Zeit öfter untersucht worden, ob die Definition noch zutrifft, daß dem einzelnen „ein festes der Person zugeeignetes Machtverhältnis" (Enneccerus-Nipperdey, § 72 I) verliehen wird, wie dies früher behauptet wurde. Mit der Vorstellung einer „Rechtsmacht" hängt die Auffassung zusammen, daß die subjektiven Rechte Herrschaftsrechte seien. Larenz hat neuerdings dargetan, daß der Ausdruck „Rechtsmacht" nicht für Persönlichkeitsrechte paßt. „Sie sichern dem Berechtigten eine unantastbare Eigensphäre, in die ohne sein Willen einzudringen anderen verboten ist" (a.a.O., S. 185). Diese Anschauungsweise läßt sich insofern auf das Eigentumsrecht übertragen, als dieses Recht die Zugehörigkeit der Sache zur Person des Eigentümers im Verhältnis zu anderen garantiert. Hierdurch wird vermieden, daß das Eigentumsrecht als ein Herrschaftsrecht über die betreffende Sache aufgefaßt wird.

Was das Verhältnis des Personenrechts zum Schuldrecht angeht, so entfaltet sich die Beziehung zwischen dem Gläubiger und dem Schuldner zu einer dem Vertrage entsprechenden Eigenart, wodurch die beiderseitigen Ansprüche festliegen. Einer besonderen Beurteilung bedürfen jedoch Ansprüche auf Schadensersatz, die aus unerlaubten Handlungen hervorgehen, soweit es sich um die Verletzung des Körpers, der Gesundheit oder die Entziehung der Freiheit des Menschen handelt. Nach der Ausdrucksweise des Gesetzes kann der Verletzte auch wegen des Schadens, der nicht Vermögensschaden ist, eine billige Entschädigung in Geld verlangen (§ 847 I BGB). Die negative Umschreibung erfordert eine positive Bestimmung, die etwa darin gefunden wird, daß im Gegensatz zum materiellen Schaden vom immateriellen Schaden die Rede ist. Bekanntlich hat sich dafür der Ausdruck „Schmerzensgeld" in der Theorie und Praxis ergeben.

Es handelt sich um eine billige Entschädigung in Geld, die nach freiem Ermessen zu bestimmen ist. Im Zusammenhang mit der Darstellung des Personenrechts ist nur zu bemerken, daß der Anspruch auf Gewährung eines Schmerzensgeldes seiner Herkunft und seinem Wesen nach durchaus „persönlich" ist, weil er sich nach den Bedürfnissen richtet, die auf Grund der konkreten Verletzung dem Geschädigten erwachsen sind. Es ist anerkannt, daß hierher nicht nur Schmerzen im engeren Sinne des Wortes gehören, sondern auch alle nachteiligen Folgen körperlicher und seelischer Art, die sich durch die Einwirkung oder im weiteren Verlauf des Schadensereignisses ergeben. Die Folgen können im inneren Rahmen der Gesundheitsbeschädigung oder in ihrer Auswirkung auf die spätere Lebensgestaltung (BGH VRS 69, 169) liegen.

2. Das Personenrecht im Verhältnis zu anderen Materien des Privatrechts

Die Rechtsprechung neigt dazu, den Schmerzensgeldanspruch auf alle Tatbestände der Persönlichkeitsverletzung anzuwenden, allerdings unter der Voraussetzung, daß das Persönlichkeitsrecht in schwerwiegender Weise verletzt ist, und daß eine Genugtuung auf eine andere Weise nicht erreichbar ist. In Betracht hierfür kommt insbesondere der Widerruf einer ehrverletzenden Behauptung, unter Umständen auch eine Gegendarstellung (zu dieser Rechtsprechung siehe BGH NJW 71, 698, BGH VersR. 75, 332). Der Grundgedanke ist dabei, daß die Gewährung des Persönlichkeitsschutzes unzureichend wäre, wenn die Verletzung „keine der ideellen Beeinträchtigung adäquate Folge auslösen würde" (so Hubmann, Das Persönlichkeitsrecht, S. 354). Die Rechtsprechung ist zu billigen, weil das allgemeine Persönlichkeitsrecht den in § 847 BGB genannten Rechtsgütern in der in Rede stehenden Hinsicht nicht nachstehen darf (siehe hierzu G. Wiese, Der Ersatz des immateriellen Schadens, 1964, S. 41 ff.). Inzwischen hat das Urhebergesetz vom 9. September 1965 (RGBl. I, S. 1273) dem Urheber und den gleichgestellten Personen auch den Schadensersatz zuerkannt, der nicht Vermögensschaden ist, und zwar in Form einer Geldentschädigung. Rechtliche Grundlage ist das Urheberpersönlichkeitsrecht.

Das Phänomen Schmerzensgeld bedarf einer grundlegenden dogmatischen Neubearbeitung und notfalls einer systematischen Umstellung. Die gesetzliche Erläuterung als Schaden, der nicht Vermögensschaden ist, entbehrt der positiven Inhaltsbestimmung, weil die Einschränkung negativ gehalten ist. Zudem ist der Anspruch insofern sekundär, als er neben dem Ersatz der Heilungskosten und der Gewährung einer Rente geltend gemacht zu werden pflegt. Zu berücksichtigen ist, daß mit der Schmerzzufügung nicht nur die Reihe der Schadensereignisse *beginnt,* sondern auch der Zustand des *Erleidens* und evtl. dauernden *Leidens beginnt.* Die in Betracht kommenden Umstände können nach der Sachlage eine völlige Umstellung der Lebensverhältnisse des Verletzten mit sich bringen. Seine Betroffenheit, die durch die Körperverletzung (Freiheitsentziehung) oder sonstige Persönlichkeitsbeeinträchtigung eingetreten ist, kann eine Veränderung seiner Lebensverhältnisse herbeiführen, die sein künftiges Leben in andere Bahnen lenkt. Der Vorgang ist in seinen Konsequenzen im personenrechtlichen Sinne derart bedeutungsvoll, daß sich die Ersatzfolgen a priori von dem personenrechtlichen Ausgangspunkt her beurteilen. Hierdurch erhält das Wort *Personen*schaden einen tieferen Sinn, als wenn er nur im Gegensatz zum Sach- oder Vermögensschaden gesehen wird.

In diesem Zusammenhang ist auf die Empfehlungen des Europarates zur Vereinheitlichung des Rechtsbegriffe des Schadensersatzes bei Körperverletzung und Tötung (RZ 1977, 24) Bezug zu nehmen. Es ist darin die Rede von einem Opfer, das „für den Schaden am äußeren Aussehen, körperliche Schmerzen und seelische Leiden entschädigt" wird. An Störungen und Unbehagen werden erwähnt „mangelndes Wohlbefinden, Schlaflosigkeit, Minderwertigkeitsgefühl, Verminderung der Lebensfreude, besonders durch die Unmöglichkeit, bestimmte angenehme Tätigkeiten auszuüben" (zit. nach Jarosch-F. Müller-Piegler, Das Schmerzensgeld in medizinischer und juristischer Sicht, Wien 1987,

S. 119; Zur österreichischen Rechtssprechung siehe Hörzinger-Ungeringer-Zitta, Schmerzensgeld und Verunstaltungsentschädigung, Wien 1986, S. 1 ff.).

3. Rechtsphilosophischer Hintergrund

Das Nachwort steht vor einem philosophischen Hintergrunde. Gemeint ist die Philosophie des Personenbegriffes, der in der Zeit der Aufklärung und dem Zeitalter des Naturrechts entstanden ist. In Anbetracht der Vielfalt der rechtlichen Erscheinungen, die nach und nach hinzugekommen sind, erweist sich der Personenbegriff als solcher zu eng, als daß hierauf ein in sich geschlossenes System gegründet werden könnte. Deshalb ist es zu begrüßen, daß die Rechtsphilosophie der Gegenwart die Gesamtmaterie des genannten Rechtsgebietes einschließlich der Menschenrechtserklärung in die Darstellung einbezogen hat.

Die neuere Rechtsphilosophie ist bestrebt, das Menschenbild auf der Grundlage ontologisch-anthropologischer Vorgegebenheiten zu entwerfen. Ausgangspunkt ist die Sonderstellung des Menschen „in dieser irdischen Welt" (Henkel, a.a.O., S. 263). Aus seiner Wesenheit wird der Ausdruck „Person" abgeleitet. Der Grundgedanke ist, daß der Mensch sich „aus sich selbst heraus" entwickelt und sein Leben selbsttätig gestaltet. Aus der Personeigenschaft wird gefolgert, daß er nicht Objekt eines Geschehens ist, sondern in seiner Eigensphäre sein Verhältnis zur Umwelt selbst gestaltet oder mitgestaltet. Hiernach befinden sich alle Menschen „als Personen in gleicher Weise im Recht" (a.a.O., S. 263). Der sogenannten „Personhaftigkeit" entspricht ein besonderer Wert, nämlich die Menschenwürde, die an die Spitze des Rechtssystems gestellt wird. Mit solchen Grundgedanken verbindet sich naturgemäß der Schutz der Einzelpersonen untereinander. Aus der Personhaftigkeit des Menschen folgt die Notwendigkeit, seine existenzielle Freiheit durch Grundrechte im Sinne von Menschenrechten zu schützen. Es geht hierbei um die rechtliche Gewährleistung der Eigensphäre.

Im Ergebnis entspricht der Aufbau dem System des Personenrechts in seiner rechtsdogmatischen Gestalt. In ihren geistigen Grundlagen ist die Vorstellung der Personhaftigkeit des Menschen naturrechtlicher Art, infolgedessen der gesamten Rechtsordnung vorgegeben, bezieht sich daher nicht nur auf das Privatrecht, sondern auch auf das öffentliche Recht, wie z. B. das Strafrecht. Der rechtsphilosophische Ideenbereich überragt somit in einem weiten Bogen des Gedankens das System des Privatrechts, besonders des Personenrechts. Infolgedessen wird die Reihe „Mensch – Person – Persönlichkeit" von der sog. Personhaftigkeit nicht unmittelbar berührt, wiewohl sie sich dem Persönlichkeitsrecht in manchen Hinsichten annähert. Daraus ist zu folgern, daß die Personhaftigkeit auch dem System des Personenrechts als klassischem Rechtsgebiet vorgegeben ist (Der Grundgedanke der Personhaftigkeit des Menschen begegnet ferner bei der Kritik des Naturrechts, siehe Henkel, a.a.O., S. 517. Zu ges. rechtsphilosophischen Problematik insbesondere der „Polarität" von Personsystem und Sozialsystem" siehe bes. die Abh. von Maihofer, zit. b. Radbruch, Rechtsphilosophie, 1973, S. 372).

Auszug aus der einschlägigen rechtsphilosophischen Literatur

Gustav Radbruch, Rechtsphilosophie, Achte Auflage, herausgegeben von Erik Wolf und Hans-Peter Schneider, Einleitung von Erik Wolf: Gustav Radbruchs Leben und Werk, a.a.O., S. 17 ff.; Nachwort von Hans-Peter Schneider: Gustav Radbruchs Einfluß auf die Rechtsphilosophie der Gegenwart, S. 351 ff. (zum Begriff der Person s. S. 225 ff.)

Fritz v. Hippel, Rechtstheorie und Rechtsdogmatik, in: Juristische Abhandlungen II, 1966 S. 401 ff. „Zur Neuauflage von Gustav Radbruchs Rechtsphilosophie (1932) durch Erik Wolf (1950)"; Gesamtausgabe Band 1, Gustav Radbruch, Rechtsphilosophie I, bearb. v. Arthur Kaufmann, 1987.

Karl Larenz, Methodenlehre der Rechtswissenschaft, Vierte, ergänzte Auflage, Berlin-Heidelberg-New York 1979. Zur Auseinandersetzung mit der Rechtsphilosophie Gustav Radbruchs unter dem Gesichtspunkt der Abwendung vom Positivismus und der Hinwendung zum „Südwestdeutschen Neukantianismus und zur Werttheorie", S. 106 ff. (unter Erwähnung von Stammler und Binder sowie Sauer).

Den Personenbegriff behandelt *Larenz* im Zusammenhang mit der Würdigung der „Reinen Rechtslerhe" *Kelsens,* 2. Aufl. 1960.

Zum neueren Schrifttum s. v. *Achterberg,* „Reine Rechtslehre" HRG 28. Lieferung, Sp. 834,: *Larenz* knüpft an den Begriff der Rechtspflicht und des subjektiven Rechts bei *Kelsen* an, um dann auf den reinen Rechtsbegriff einzugehen, der hier als personifizierte Einheit in die rechtliche Erscheinung tritt. Die Person ist keine natürliche Realität, sondern nur eine Konstruktion und ein Hilfsbegriff (s. hierzu *Kelsen,* a.a.O., S. 176 ff.), wo die natürliche Person als eine künstliche Konstruktion der Rechtswissenschaft hingestellt und unter diesem Gesichtspunkt der juristischen Person gleichgestellt wird. Beide bilden einen Komplex von Rechten und Pflichten, deren Einheit im Begriff der Person „figürlich" zum Ausdruck koimmt. Zur Dogmatik der juristischen Person s. *Kelsen,* S. 179 ff. *Larenz* hat hiergegen vorgebracht, daß es der „Reinen Rechtslehre" nicht gelungen sei „die rechtswissenschaftliche Begriffsbildung von allen aus der Seinssphäre oder aus dem Bereich der Ethik stammenden Inhalte zu reinigen" (*Larenz,* a.a.O., S. 83). Dieser ist der Auffassung, daß die in Rede stehenden sittlichen Werte in die rechtliche Vorstellung einbezogen werden müßten (a.a.O., S. 83). Zur Kritik s. *Betti,* Allgemeine Auslegungslehre als Methodik der Geisteswissenschaften, 1967, Festschrift für Raape 1948, S. 383 ff. (zit. bei *Larenz,* S. 87, Anm. 90). In der zivilrechtlichen Darstellung des Vorgenannten (*Larenz,* Allgemeiner Teil des deutschen Bürgerlichen Rechts, 5. Aufl. 1980) wird die Person als ethischer Grundbegriff erläutert, und zwar im Anschluß an den ethischen Personalismus bei *Kant* (Metaphysik der Sitten, 2. Teil, § 38).

Hegel hat ein allgemeines System der „Bedürfnisse" entwickelt, das eine „wesentliche Bedingung zum Hervorgehen des Rechts" ist. In diesem System wird die Person hervorgehoben. Denn, daß das Individuum als Person aufgefaßt wird, macht die „Bildung", die „empirische Anschauung" sieht den andern nicht als Person an (In: Vorlesung von 1819-1820 in einer Nachschrift, hrsg. von Dieter Henrich, 1. Aufl. 1983, S. 168 ff.).

Die gegenwärtige Rechtsphilosophie geht von der Personalität des Menschen und seiner Personhaftigkeit aus, in der die „mitmenschliche Gebundenheit wurzelt"; so *Heinrich Henkel,* Einführung in die Rechtsphilosophie, 2. Aufl. 1977, S. 263 ff.

Weinberger/Krawietz, Die Reine Rechtslehre im Spiegel ihrer Fortsetzer und Kritiker, Wien-New York, 1988, Forschungen aus Staat und Recht, Bd. 81, S. 371 ff., *A. Kaufmann* u. *W. Hassemer,* Einführung in die Rechtsphilosophie und Rechtstheorie der Gegenwart, 1984, S. 89 ff., 107 ff.

Personenregister

Achterberg, v. 98
Aicher 14, 27, 28

Ballerstedt 86
Bernhard 63
Betti 98
Bierling 35
Bluntschli 17
Brandner 87
Bucher 35
Burckhard 35
Buschmann 32
Bussmann 32
Bydlinsky 14, 32, 66, 92

Catalano 22
Cerny 66
Coing 34, 47, 61, 69, 82, 88

De Cupis 32
Ditz 31
Dörner 47
Dürig 29

Ebersbach 39, 56, 86
Edelbach 49
Egger 17
Eichler 33, 39, 46, 54
Eisenhardt 54
Elster 45
Enneccerus 7, 56, 67, 94
Ent 42
Erler 52

Fabricius 54
Ferid 30, 31
Floretta 62, 65, 66
Flossmann 15, 28
Flume 54
Forstmoser 89
Freienfels 73

Gernhuber 34
Gierke, O. v. 67
Gitter 47
Gmür 17
Grossen 27, 32
Guggenbühl 17

Gschnitzer 28
Gutzwiller 17, 39, 56, 58, 78, 79
Habermann 47
Hassemer 98
Hegel 96, 98
Heinrichs 37, 46, 51, 61, 70
Heldrich 32
Henkel 96, 98
Henrich 98
Hesse 29, 30
Hippel F. v. 98
Hölder 35
Holzer 66
Hopf 42
Hörzinger 96
Hubmann 27, 30, 31, 95
Hübner 7, 29, 37, 38, 45, 71

Ionescu 36

Jabornegg 28
Jarosch 95

Kaser 6
Kant 34, 98
Kaufmann 98
Kegel 87
Keller 17
Kelsen 35, 98
Kienapfel 27
Knoke 69
Koziol 28
Krawietz 98
Kriele 29
Krüger 47

Lange 32, 49, 87
Larenz 25, 27, 34, 54, 69, 70, 94, 98
Lehmann 30
Leßmann 62
Lieberich 67
Lindon 31
Liver 17
Lutter 55, 70, 71

Machold 63
Maihofer 97

Martini 28
Marty 13, 14
Mayer-Maly 6
Mazeaud, H. L. 13, 50
Mazeaud, J. 13, 50
Meier-Hayoz 89
Mestmäker 85
Mitteis 67
Mosler 63
Müller-Freienfels 38, 73
Müller, F. 95

Naujoks 25, 33
Neuhoff 82, 86
Nieland 47
Nipperdey 7, 56, 67, 94

Ogris 49, 51
Ostheim 15, 28

Palandt 30, 32, 37, 46, 51, 61, 70
Peter 17
Planck 69
Plog 47
Pichler 44
Piegler 95
Pleimes 86
Puchta 67

Raape 98
Rabel 17
Radbruch 97, 98
Raschauer 28, 49
Raynaud 13, 14
Rehbinder 38
Reuter 26, 36, 38, 62, 71, 82, 85
Riemer 39, 79, 80
Rotondi 17
Rummel 14, 28, 42

Rümelin 17

Savigny 36, 67
Schmidt 38
Schneider, H. P. 98
Scholz 61
Schwarz 17, 66
Schwerdtner 49
Schultze-Lasaulx, v. 38, 60
Serick 38
Simon 30
Soergel 38, 82
Spielbüchler 62
Stammer 74, 75, 76, 77
Staudinger 47, 61, 69, 82, 88
Stoll 54
Strasser 28, 62, 63, 64, 65
Strickrodt 86

Thomas 30, 32, 46
Tomandl 63, 66

Ulmer 31
Ungeringer 96

Weber, M. 60
Weckbach 88
Weinberger 98
Weinriefer 47
Wieacker 17, 67
Wiedemann 37, 38, 53, 55, 58, 59, 62
Wiese 95
Wiethölter 35
Windscheid 17, 22, 67
Wolf 25, 33, 98

Zeiller, v. 14, 28
Zita 96
Zöllner 61

Printed by Libri Plureos GmbH
in Hamburg, Germany